The Seasons of Tea

The Seasons of Tea

차의 계절

정다형 지음

차와 함께하는
일 년 24절기 티 클래스

Hans Media

들어가며 Intro

지역에 따라 조금씩 다르기는 하지만, 영국에 전해지는 티 파티 에티켓Tea Party Etiquette 중에 대화의 주제는 오로지 차와 날씨에 관한 것으로 제한한다는 항목이 있다. 그날 마시는 차에 관한 이야기야 말할 것도 없고, 날씨만큼 보편적인 화제도 없을 것이다. 처음 파티에 참석하는 사람도 부담 없이 대화에 참여할 수 있으며 낯선 사람들 앞에서 군이 사적인 정보를 드러내지 않아도 얼마든지 말을 이어갈 수 있다.

그날의 빛과 공기는 순간에 귀속되어 흐른다. 차는 다른 기호음료에 비해 기계를 사용하는 비율이 낮으며 같은 찻잎을 동일한 사람의 손으로 우린다 하여도 찻자리를 둘러싼 햇살과 바람 그리고 온도와 습도에 따라 극단적으로 맛이 달라질 수 있다. 그렇기 때문에 오늘의 날씨와 지금 마시는 차에 관한 단순한 화젯거리마저 매일 새로운 것이다.

날씨에 관한 이야기는 다시 계절로 연결된다. 고대에는 계절이 곧 시간의 지표가 되었다. 얼음이 녹아 비가 내린 후 싹이 트고 열매가 영글며 낙엽이 떨어진 자리에 눈이 내리는 이 모든 것이 그들에게는 달력이나 마찬가지였을 것이다. 농업 사회로 접어들며 이러한 변화를 파악하는 것은 더욱 중요해졌고, 태양의 움직임에 따라 계절을 구분하는 24절기二十四節氣가 등장하게 되었다.

24개의 절기가 옛사람들에게 씨를 뿌리고 결실을 거둘 시기를 알려주는 일정표였던 것처럼, 차를 즐기는 이들에게도 한 해 동안 마시는 차의 기억이 몸에 새겨져 있다. 날이 좋으면 좋은 대로 궂으면 궂은 대로 흡족한 차가 있기에 매일의 빛과 공기 그리고 계절의 변화에 더욱 촉각을 세우게 된다.

계절에 따라 차를 마신다는 것은 태피스트리를 짜는 일과 비슷하다. 언뜻 보기에 특별할 것 없는 하루가 씨실과 날실이 되어 베틀 위에서 부지런히 교차하다 보면 점차 나만이 알 수 있는 규칙을 띤 아름다운 무늬로 바뀌어 간다. 이 책은 이제 막 차를 마시기 시작한, 새로운 계절의 태피스트리를 만들 준비가 된 이를 위해 내가 준비한 안내서이자 밑그림이다.

각각의 햇차가 출하되는 퀄리티 시즌Quality Season과 통관 및 유통 절차를 걸쳐 가까운 매장에까지 도달하는 시기, 그리고 차의 향과 맛이 지닌 고유의 계절감을 더하여 각각의 절기에 어울리는 스물세 가지의 단일 산지 차Single Origin Tea와 블렌디드 티Blended Tea 한 가지를 골랐다. 플레이버드 티Flavoured Tea 또한 현대 차 산업의 중요한 일부지만, 그쯤은 굳이 안내 없이도 어렵지 않게 스스로의 취향을 발견할 수 있을 것이다. 또한 다양한 종류의 차들로 목록을 구성하되, 가급적이면 국내에서 비교적 쉽게 구입할 수 있는 차들로 골랐다. 여섯 가지 차의 종류六大茶類 중 황차黃茶, Yellow Tea가 빠진 것은 그 때문이다.

취향을 찾는 것은 스스로를 들여다보는 일과 같다. 이 책을 읽는 모든 이들이 차와 계절이 들려주는 이야기에 좀 더 귀 기울이며 언젠가 오롯이 자신의 취향으로 차의 절기를 채워나갈 수 있게 되기를 기원한다. 분명 한번 보면 절대 잊을 수 없는 아름다운 문양일 것이다.

Contents

Cha 처음 만나는 차 pter 01

Cha 절기와 차 pter 02

봄

여름

가을

겨울

Cha 다르게 만나는
차 pter
03

App ^더 알아보기 endix

Cha

처음 만나는
차

pter

01

누구에게나 처음은 있는 법이라지만, 종종 이름난 카페나 티 룸을 방문했을 때 책처럼 두꺼운 차 메뉴판을 받으면 당황스러울 때가 있다. 어쩌다 누군가에게 차를 선물할까 하여 백화점에 방문하면 차의 종류는 뭐 그렇게 많은지, 매대 사이를 서성이다 결국 친절한 직원의 설명에 대충 고개를 주억이다가 가장 잘 팔린다는 제품을 집어 들고 뒷걸음치듯 자리를 뜬 적도 있을 것이다. 그런가 하면 뜻하지 않은 차 선물이 들어올 때도 있다. 고급스러운 포장지 안에 들어 있는 이게 뭔지 대체 어떻게 마셔야 할지도 도통 모르겠지만 말이다.

하지만 세상에 존재하는 모든 것에는 나름의 규칙이 있기 마련이고, 언뜻 복잡해 보이는 것도 사실 알고 보면 간단한 것이 우리 인생의 클리셰가 아니던가. 제법 근엄해 보여도 그래봐야 향기 나는 이파리와 그것을 우린 물일뿐이다. 차 상점의 진열대부터 카페의 티 메뉴판 위까지, 헤매지 않고 잘 찾아갈 수 있도록 이제부터 이 책과 함께 이정표를 따라가 보자.

1. 차의 종류

　　차의 종류는 굉장히 많은 것처럼 보이지만 일단 두 가지 중 하나다. 차나무의 잎으로 만든 진짜 '차茶'이거나 아니거나. 후자의 경우 잎뿐 아니라 꽃, 열매, 뿌리와 줄기 등 식물의 여러 가지 부위가 섞여 있다. 흔히 '허브Herb'라고 불리기도 하지만 정확하게 말하자면 '티젠Tisane'이나 '보태니컬 블렌드Botanical Blend'라고 부르는 쪽이 더 적당하겠다.

이들을 제외하면, 차의 종류는 단 세 가지뿐이다. 산지 이름이 붙은 차와 이들을 섞어 새로운 이름을 부여한 차, 그리고 아로마 오일 등으로 향을 입힌 차. 아무리 두꺼운 티 리스트를 보유한 차 가게라도 따져보면 이 셋 중 하나이니 조금은 마음을 놓아도 좋다.

싱글 오리진 티 Single Origin Tea

단일 산지에서 만들어진 차를 의미한다. 각 지역의 테루아Terroir* 가 지닌 특징이 반영되며, 같은 품종의 차나무를 심어 수확하여도 어느 지역에서 누가 어떻게 만들었느냐에 따라 전혀 다른 차로 완성된다. 와인이나 커피와 마찬가지로 생산지의 명칭이 곧 차의 이름이 된다. 최근에는 개별 농가나 생산자의 이름이 붙은 싱글 에스테이트 티Single Estate Tea가 각광받고 있다. 싱글 에스테이트 티는 생산자가 만든 한 차를 섞지 않고 단일 배치Batch 혹은 단일 로트Lot 단위로 판매하는 차이며, 차 이름 뒤에 일련번호가 붙는다.

예) 아삼, 다르질링, 기문, 케냐, 실론 등

블렌디드 티 Blended Tea

각 산지의 차들을 섞어 만든 차. 비교적 저렴한 가격에 품질이 빼어나고 균일한 상품을 만들기 위한 경제적 이유로 시작되었다. 차는 농산물인지라 해마다 똑같은 제품을 만든다는 것은 사실상 불가능하다. 그렇기 때문에 일반적인 티 브랜드에서 판매하는 거의 대부분의 차들이 블렌딩을 거친다.

차를 섞어 언제나 같은 맛을 유지하는 일을 담당하는 전문가를 마스터 티 블렌더Master Tea Blender라고 하는데, 매년 달라질 수밖에 없는 찻잎들로 언제나 똑같은 맛을 지닌 상품을 만들어내는 것은 거의 신의 영역에 도전하는 일이라 할 수 있다.

예) 모든 잉글리시 브렉퍼스트 티. 해로즈 14번, 포트넘 앤 메이슨 로열 블렌드 등

플레이버드 티 Flavoured Tea

찻잎에 다양한 재료에서 추출한 에센셜 오일 등을 고루 분사하여 인위적으로 향을 더한 가향차. 조향 기술이 앞선 프랑스 티 브랜드들을 중심으로 발달하였다. 과일이나 초콜릿 등 익숙하면서도 쉽게 호감을 가지기 쉬운 향을 지니고 있어 처음 차를 마시기 시작하는 계기가 되기도 한다.

예) 모든 얼그레이 티. 마리아쥬 프레르 마르코 폴로, 포숑 애플티, 루피시아 사쿠란보 등

* 와인 산업에서 비롯된 용어지만 현재는 차와 커피, 담배 등 다양한 상품 작물로 확대되었다. 차나무가 자라는 데 영향을 미치는 기후 및 지리적 요소뿐 아니라 품종이나 재배법 그리고 가공 기술까지를 아우르는 총체적인 개념.

2. 차 보관법

차의 유통 기한

　순수한 찻잎은 보관만 잘 한다면 백 년이 지나도 썩지 않는다. 보이차를 보면 알 수 있듯 때로는 일부러 숙성을 시키기도 한다. 시간이 지나면서 차의 쓴맛은 사그라들고 단맛과 그윽한 향이 짙어지며, 이를 즐기며 잘 보관된 빈티지 보이차는 고가에 거래되기도 하여 한때 재태크용으로 각광받기도 하였다.

　우리나라는 판매되는 모든 차에 유통 기한을 표기하게끔 법으로 규정하고 있다. 하지만 가정에서 혼자 즐기는 경우라면 표기된 날짜가 지났더라도 마시는 데 큰 문제는 없을 것이다. 차의 경우 우유나 두부처럼 유통 기한이 지나면 식품 위생에 큰 문제가 생긴다기보다는, 권장 소비 기한 또는 그 기간 안에 제품의 품질을 보장하겠다고 약속하는 품질 보증 기한에 가깝다.

　하지만 찻잎에 과일 조각이나 꽃잎 등 다른 재료가 섞여 있다면 예외다. 플레이버드 티를 비롯해 찻잎이 아닌 부재료가 섞인 블렌디드 티라면 개봉 후 가급적 1년 안에 소비하는 것을 권한다. 뿐만 아니라 녹차처럼 잎의 빛깔이 푸른색에 가까운 차들 또한 특유의 싱그러운 맛을 즐기기 위해서 오래 보관하는 것을 권하지 않는다.

보관 방법

차는 습기와 열 그리고 빛에 약하다. 종종 카페 매장에서 인테리어 효과를 겸하여 유리병에 차를 담아 조명을 비추는 것을 볼 수 있는데, 차의 품질에 급격한 영향을 미친다. 서재는 보통 서늘하고 건조한 곳에 마련되는지라 차를 보관하기에 나쁘지 않지만, 겨울철에는 온돌의 열을 피해 높은 곳에 두는 것이 좋다.

차는 가급적 다른 냄새가 없는 깨끗하고 어두우며 서늘한 장소에 잘 밀봉하여 보관하여야 한다. 보관 용기나 포장지는 불투명한 것이 좋다. 본래 포장되어 있던 포장재는 이미 차의 향기를 어느 정도 지니고 있는 상태이므로 그대로 활용하는 것이 좋다. 포장 상태가 만족스럽지 않다면 포장재와 함께 다른 봉투나 용기로 옮겨 담는 것이 좋다.

차를 냉장고에 보관하는 것도 가능하나 다른 재료의 냄새가 나지 않아야 하며, 이때 차를 미리 꺼내두어 실온이 된 다음에야 개봉할 수 있다는 번거로움이 있다. 그렇지 않으면 차가워진 찻잎에 공기 중의 수분이 응결하여 차의 습도가 올라가게 되고 차가 산패하기 쉬운 환경이 조성된다.

3. 차 우리기

일단 우려보자.

티백이 아닌 잎차를 한 번도 우려본 적이 없는 사람에게 이렇게 말을 꺼내면 대부분이 몹시 당황스러울 것이다. "차를 배운 적이 없는데 괜찮나요?"라는 질문도 자주 받곤 한다. 처음으로 라면을 끓였을 때를 떠올려보자. 라면에 관한 전문적인 수업 없이도 봉지 뒷면의 레시피를 확인하면 누구나 라면 한 그릇쯤은 쉽게 만들 수 있다. 차도 마찬가지다. 어떤 의미에서는 원두를 그라인더에 넣고 갈아야만 하는 커피보다도 간단하다. 찻잎에 뜨거운 물을 붓고 잠시 기다리기만 하면 끝. 컵라면과 다를 바 없다.

차는 세계에서 물 다음으로 많이 마시는 음료라는 말을 한 번쯤 들어본 적이 있을 것이다. 차가 이렇게나 대단하다는 의미가 아니라 그만큼 대중적인 음료라는 뜻이다. 콜라를 떠올려보면 어떨지. 차를 우리는 데 특별한 기술이나 자격이 필요하다면 대도시부터 사막의 오지까지 다양한 사람들에게 이렇게 널리 사랑받을 수 없었을 것이다. 찻잎은 완성된 상품으로 유통되기에, 생두를 볶고 그라인더로 간 다음 조심스레 추출해야 하는 커피보다도 훨씬 간편하다. 물을 끓이고 시간만 잴 수 있다면 누구나 차를 우릴 수 있다.

차를 우리는 데 필요한 도구

티포트 Tea Pot

찻잎과 물을 넣고 차를 우리는 도구. 크기와 재질에 따라 다양한 것이 있으며 도자기로 된 것이 널리 쓰인다. 유리로 된 티포트는 찻잎이 서서히 펴지며 차가 우러나는 모습을 보기에 좋고, 수색으로 진한 정도를 파악할 수 있어 편리하지만 차가 금방 식어서 우리는 용도로만 쓴 다음 보온에 용이한 재질의 티포트로 옮겨주는 것을 권한다. 뚜껑에 거름망이 달린 형태의 유리 티포트가 인기 있다.

영국의 호텔 티룸에서 만날 수 있는 은으로 된 티포트는 온도 유지가 가장 빼어나서 좋다. 차가 식으면 떫은맛이 도드라지기 때문에 티 코지 Tea Cozy라고 불리는 솜을 넣은 천 덮개를 사용하여 보온력을 높이기도 한다.

중국에서는 차호茶壺 혹은 다관茶罐이라고 불리는 작은 티포트를 주로 사용한다. 중국 강소성 의흥의 자사호紫砂壺가 유명한데, 이처럼 유약을 바르지 않은 차호는 세제를 사용하여 씻지 않으며 가급적 한 가지 차만을 우려 차의 향과 맛이 찻주전자에 배게끔 한다.

개완 蓋碗, Gaiwan

뚜껑이 있는 찻잔. 처음에는 뚜껑으로 찻잎을 밀어 막고 그 틈으로 차를 마시는 찻잔 용도로 쓰였으나 최근에는 차를 우리는 도구로 사용된다. 찻잎의 양에 비해 물을 조금 넣어 짧게 여러 번 우리는 것이 특징이다. 도자기 재질이 널리 쓰인다. 개완을 구매할 때는 직접 만져보고 자신의 손에 맞는 것으로 고르는 것이 좋다. 개완으로 자잘한 부스러기의 브로큰 그레이드Broken Grade 찻잎을 우리기에는 적당치 않으나, 직관적인 구조와 더불어 찻잎을 버리고 설거지하기에 용이하여 최근 각광받고 있다.

찻잔 Tea Cup

우려진 차를 따라내어 마시는 용도의 컵. 손잡이가 달린 티 컵은 유럽 사람들이 자신의 식문화에 맞추어 개발한 것으로 보통 받침접시인 소서Saucer와 세트로 사용되며 차 문화가 유럽에 전래된 초기에는 차를 찻잔에서 소서로 옮겨 부어 식혀서 마셨다고 한다. 머그컵보다 작은 크기이며 낮고 넓은 모양인 경우가 많으나 모양만으로는 커피냐 차냐 용도를 구분하기가 힘들다. 북유럽에서는 커피 컵보다 티 컵의 크기가 더 큰 편이다.

우리나라를 비롯한 동아시아 지역에서는 손잡이가 없는 작은 찻잔을 사용하는데, 중국에서는 손님의 눈앞에서 차를 자주 바로 우려서 매번 뜨거운 차를 대접하는 것이 예의라고 생각하기 때문에 작은 찻잔을 선호한다고 한다.

거름망 Strainer

시간 맞춰 제때 찻잎을 걸러주지 않으면 차가 쓰고 떫어진다. 찻잔에 걸칠 수 있게끔 양쪽에 손잡이가 있는 것과, 한 손으로 잡고 거르게끔 하나의 긴 손잡이가 달린 것 크게 두 가지 종류가 있다.

타이머 Timer

차를 우리는 시간을 재는 도구. 전자 타이머가 간편하지만 모래시계 특유의 아날로그 감성을 즐기는 이들도 많다.

티 캐디 스푼 Tea Caddy Spoon

찻잎을 계량하는 스푼. 티스푼보다 조금 큰 용량이 보통이지만 일반적인 계량스푼을 대신 사용해도 좋다.

다하 茶荷

계량한 찻잎을 차호나 개완에 옮기는 용도 및 찻잎을 손님들에게 보여주기 위한 도구. 우리나라에서는 '차보기'라고 부른다. 나무로 된 것부터 도자기, 금속, 유리 등 다양한 재료로 만들어진다.

차시 茶匙

다하에 담긴 찻잎을 차호로 옮길 때 밀어 넣는 용도로 쓰이거나, 말차 등 가루 형태의 찻잎을 계량할 때 그리고 우리고 난 찻잎을 꺼내는 등 다양한 용도로 사용되는 작고 손잡이가 긴 찻숟가락.

티 브루잉 가이드 Tea Brewing Guide

300ml(약 10oz) 용량 티포트 / 머그 기준

대분류	차의 종류	찻잎의 양(g)	온도(℃)	시간
녹차	초청 녹차	4~5	85~97	1분~1분 30초
	증청 녹차	5	70~75	1분 30초~2분
	교쿠로	8	45~60	2분
백차		4	85~90	4~5분
청차		4~5	90~97	3~4분
홍차	홀 리프 오서독스	3~4	90~97	3분~3분 30초
	브로큰, 씨티씨	3~4	97	1~2분
가향차	홍차 베이스	3~4	97	2분 30초~3분
	녹차, 청차 베이스	3~4	97	1분 30초~2분
보이차		4~5	90~97	1~2분

티포트로 우리기
Brewing Tea-Tea Pot

1. 찻잎을 계량한다. (25쪽 참고)

2. 우리는 용도의 티포트*를
뜨거운 물로 예열한다.
(*점핑 티포트Jumping Tea Pot
혹은 퍼스트 티포트1st Tea Pot로
불린다.)

3. 예열한 물을 서빙 용도의
티포트*에 옮긴다.
(*서빙 티포트Serving Tea Pot 혹은
세컨드 티포트2nd Tea Pot로 불린다.)

4. 먼저 예열했던
점핑 티포트에
찻잎을 넣는다.

5. 끓인 물을 높게 붓는다.

6. 차가 충분히 우러나게끔 우린다.

7. 서빙 티포트에 들어 있는
온수를 찻잔으로 옮겨 예열한다.

8. 우려진 차를 거름망으로 걸러 서빙 티포트에
담는다. 이때 차향이 날아가지 않게끔 최대한
입구 가까이 따른다.

9. 서빙 티포트에 담긴 차를 찻잔에 부어 마신다.

개완으로 우리기
Brewing Tea-Gaiwan

1. 찻잎을 계량한다.
찻잎과 물의 비율은 1:30 내외.

2. 뜨거운 물로 개완을 예열한다.

3. 개완의 온수를 공도배*로 옮겨
예열한다.
(*차를 찻잔으로 나누기 전에 차의
농도를 균일하게 하는 목적의 저그)

4. 공도배의 온수를 찻잔으로 옮겨
예열한다.

5. 개완에 찻잎을 넣고 뜨거운 물을 붓는다.
때에 따라 첫 번째 우린 물을 버리기도
하는데, 이를 세차洗茶 혹은 윤차潤茶라
한다. 찻잎을 씻어내기보다 뜨거운 물로
한 번 헹궈서 차가 잘 우러나게끔 하는
목적이다.

6. 15~45초 이내로 짧게 우린 다음 찻잎을
걸러 공도배에 담는다.

7. 찻잔에 부어 마신다.

개완에 차를 우릴 때는 처음에는
짧게 우리고, 우리는 횟수를
거듭할수록 점차 시간을 늘린다.
말려 있던 찻잎이 풀어질 때까지
우려 마실 수 있다.

4. 차의 제철

모든 농작물이 그렇듯 차에도 제철이 있다. 봄이면 싹을 틔우고 여름에는 무성히 자라며 가을에는 꽃이 피고 열매 맺으며 겨울에는 동면에 들어간다. 아열대-열대 기후에서 자라는 차나무의 특징상 일 년 내내 수확이 가능한 곳도 있지만 그중에서도 가장 품질이 뛰어난 계절이 있다. 이를 제철, 즉 '퀄리티 시즌Quality Season'이라 한다.

대부분의 차들은 봄에 새로이 피어나는 싹과 어린 잎으로 만드는 것이 가장 빼어나다. 겨우내 차나무가 충분히 휴식을 취하여 감칠맛을 내는 테아닌Theanine을 비롯한 다양한 성분들이 풍부하기 때문이다. 특히 녹차처럼 산화도가 낮고 감칠맛이 중요한 차들의 퀄리티 시즌은 대부분 봄이다.

아삼이나 다르질링 세컨드 플러시처럼 충분히 산화되어 복잡한 부케가 발달해야 하는 홍차류의 경우에는 봄이 아니라 초여름 어귀에 가장 맛있다. 홍차의 붉고 영롱한 수색이 나기 위해서는 찻잎에 폴리페놀Polyphenol 성분이 충분해야 하는데, 폴리페놀은 햇볕의 양과 세기에 어느 정도 비례하기 때문이다.

스리랑카처럼 계절풍에 따라 퀄리티 시즌이 달라지기도 하고, 동방미인으로 알려진 대만의 백호오룡은 소록엽선이라는 벌레가 번식하는 시기가 몹시 중요하다. 그리고 차나무의 생육 상태와는 별개로 무이암차처럼 후가공에 시간이 걸리며 일정 기간 창고에서 거풍을 하여야 하는 경우에는 차의 수확 시기와 출하 시기가 차이날 수 있다.

차의 퀄리티 시즌에서 가장 중요한 것은, 그 차를 만드는 가공 과정에서 필요한 성분들이 얼마나 밀도 있게 자리 잡느냐이다. 그렇기 때문에 차나무가 윤택한 환경에서 쑥쑥 자라는 것보다 적당한 스트레스 상황에서 찻잎이 천천히 성장할수록 차의 맛과 향기는 더욱 짙어진다. 비가 많이 오는 시기보다 다소 건조한 시기가 좋으며 서늘한 바람이 불어와 일교차가 커지면 찻잎이 자라는 속도는 더욱 더뎌질 것이다. 그리고 열대 지역 일부에서는 서리 또한 차가 맛있어지는 중요한 요인이 되기도 한다. 차나무에게는 불편한 환경이 차의 풍미에 좋은 영향을 미친다는 것이 자연의 아이러니이다.

좋아하는 차의 퀄리티 시즌이 다가오면 차를 맛보기 전부터 설레고 기쁘다. 제철의 차를 음미하며 이렇게 또 하나의 계절이 몸에 새겨진다.

퀄리티 시즌 Quality Seasons

	2월(입춘)	3월	4월	5월	6월	7
인도	닐기리	다르질링 봄			다르질링 여름	
				아삼 여름		
스리랑카	누와라엘리야					
중국				철관음 봄		
		용정				
			백호은침			
					무이암차	
		보이차 봄				
					기문	
			전홍			
한국					잭살	
			우전			
일본					교쿠로	
			말차			
대만	사계춘					
					백호오룡	

8월	9월	10월	11월	12월	1월(대한)
					닐기리
		다르질링 가을			
					누와라엘리야
우바					
		철관음 가을			
		보이차 가을			
일월담 홍옥					

Cha^{절기와} pter

절기와
차

02

봄

겨우내 잠에서 깨어난 만물이 소생하여 요동치기 시작하는 때. 서리 아래에서 싹을 틔운 인도 닐기리와 실론 누와라엘리야를 시작으로 이른 햇차가 서서히 나오기 시작한다. 아직 꿈속에 머물고 있는 몸과 마음을 깨워줄 산뜻하고 경쾌한 차, 그리고 봄볕에 피어난 어린 싹을 고이 모아 만든 달고 순정한 차들을 만나야 하는 계절.

Cha
01

절기와
차

첫 번째
절기

立春

입춘

닐기리
Nilgiri

2월 4일 무렵

시작은 아무도 모른다

'입춘'이라는 말이 나는 늘 어리둥절했다. 봄의 첫머리라기에는 2월 초가 언제나 몸서리쳐지게 추웠던 탓이다. 잊을 만하면 눈이 질척하게 쏟아지고, 등굣길에 덜덜 떨며 어째서 방학은 1월까지인 것인가 아쉬워하던 해묵은 기억이 입춘이 돌아올 때마다 흥포하게 이를 드러내곤 한다. 이게 어딜 봐서 봄의 시작이냐며 투덜거리는 것마저 연례행사가 되었다.

하지만 그 얼어붙은 계절 한가운데에서 지금까지 세상에 없던 무언가가 첫 숨을 뱉는다. 대부분의 사람들이 그를 알아차릴 수 없는 것은 지극히 당연하다. 이전에는 한 번도 존재한 적 없던 것이기에 누구도 그것의 처음을 인식할 수 없다. 우리는 그것을 시작이라고 부른다.

언제나 봄의 씨앗은 가장 매서운 추위 속에 흩뿌려진다. 긴 겨울밤을 보내는 동안 봄은 서리 밑에서 혹은 쌓인 함박눈 아래에서 조용히 싹을 틔운다. 그리고 모든 이들이 완연한 봄을 실감할 때 이미 그는 저만치 앞서 성큼 걸어가고 있을 것이다.
그래서 입춘은 누구나 봄이 시작되었음을 알 수 있는 때가 아니라, 봄을 준비하기 위한 절기이다. 으레 제철의 햇차, 퀄리티 시즌 티Quality Season Tea라고 하면 3월이나 4월께 나올 것이라 기대하지만, 사람들의 눈을 피해 봄의 씨앗이 뿌려지는 2월 초 입춘 어귀에 제철을 맞는 차들이 있다. 남인도 지역의 닐기리 티가 그렇듯이.

푸른 산

많은 이들에게 다소 생소한 이름일 닐기리는 인도 차 생산의 1/4을 차지하며, 아삼과 다르질링에 이어 인도 3대 산지로 불리는 지역이다. 어지간한 인도 지도를 들여다보아도 '닐기리'라고 표시된 곳을 찾기는 쉽지 않을 것이다. 닐기리는 다르질링처럼 행정구역의 이름이 아니라, 타밀나두Tamil Nadu, 카르나타카Karnataka, 케랄라Kerala, 세 개의 주가 만나는 해발 1000~2500m에 달하는 고산 지대를 의미하기 때문이다.

기네스북에 등재된 세계에서 가장 높은 곳에 위치한 티가든Tea Garden*도 이곳에 있다. 사람들은 히말라야산맥 자락에 위치한 다르질링이 세계에서 가장 높은 차밭일 거라 쉽게 짐작하지만 닐기리 지역 다원들의 평균 해발 고도는 다르질링에 비해 결코 낮지 않다.

이 지역에는 열대-아열대 고산 지대에서 드물게 나타나는 솔라Shola라는 숲이 자리 잡고 있어 생물학적 다양성이 풍부한데, 12년에 한 번씩 닐라쿠린지Neelakurinji라고 불리는 청보랏빛 꽃이 온 산을 뒤덮는 것으로 유명하다. 현지인들의 말로 '푸른 산'이라는 의미를 가진 닐기리의 이름은 높은 산봉우리를 감싸는 푸른 연무와 이 닐라쿠린지 꽃에서 비롯되었다.

* 코라쿤다 다원Korakundah Tea Estate, 2414m

눈과 서리의 차

다른 고산 지대에 비하면 다소 포근한 닐기리의 2월에는 이따금씩 내리는 서리와 눈이 축복이 된다. 눈 이불 아래에서 얼어 죽지 않을 정도의 고난을 버틴 차나무들의 이파리에는 향과 맛이 차곡히 농축되고 때문에 농부들은 이 시기의 차들을 퀄리티 시즌이라는 이름 대신 프로스트 시즌Frost Season이라는 이름을 붙인다.

제철에 수확한 닐기리 홍차에는 겨울의 서늘한 기백과 봄볕에서 느껴지는 화사한 온기가 조화롭게 어우러져 있다. 충분히 진하지만 온화하고 섬세하여 비가 오나 맑으나 어느 때고 쉬이 질리지 않는 편안한 맛이다. 지금은 따뜻하게 우려 마시고 찻잎을 조금 남겨두었다 한여름에 아이스티로 마셔도 좋다.
쓰고 떫은맛이 적고 성질이 순한 이 차는 갑자기 얼음 위로 부어 차게 식혀도 좀처럼 크림 다운Cream down(287쪽 참고)이 생기지 않는다. 전 세계의 마스터 티 블렌더Master Tea Blender들이 블렌딩 베이스로 이 차를 선호하는 이유이기도 하다. 향을 입히면 차의 개성은 향 뒤로 숨어 주제를 부각시키고 차 맛을 든든히 뒷받침해주는 역할을 한다.

최근 스페셜티Specialty Tea 홍차 붐이 불면서 닐기리 티들도 나날이 새로워지고 있다. 대표적인 예가 글렌데일 다원Glendale Tea Estate의 '트윌Twirl'이다. 이 차는 전통적인 유성 생식 방식이 아닌 무성 생식 방식으로 자란 차나무로부터 만들어진 큼직한 잎의 홀 리프 티Whole Leaf Tea인데, 놀랄 만큼 또렷한 장미 내음이 인상적이다.

한겨울에 만들어지는 차라는 점이 무색하게 서리 아래에서 더욱 우아하고 화사하게 피어나는 닐기리 홀 리프 티. 이 차의 향기는 마치 눈 속에서 피어나는 매화 봉우리가 처음 터져 나올 때의 알싸하니 선명한 내음을 닮았다. 바깥은 여전히 차고 봄은 아직 찻잔 안에 머물러 있지만 그 온기가 두 손과 입술을 통해 온몸에 퍼질 때 우리는 다가올 계절을 미리 느끼며 희망에 찬 목소리로 말할 수 있으리라. 봄이여 오라.

닐기리

다르질링, 아삼을 잇는 인도 3대 산지

건엽
연둣빛이 감도는 흑록빛

엽저
노랗고 붉은색이 섞인 탄력 있는 찻잎

수색
밝은 호박빛

테이스팅 노트. 산들바람이 연상되는 가벼운 시트러스 노트를 바탕으로 장미와 유칼립투스. 미디움 보디. 온화하지만 선명하고 깔끔한 맛.
페어링 팁. 산뜻하고 경쾌한 풍미로 아이스티로 즐기기 좋다. 레몬이나 라임 등 시트러스계 과일과의 페어링이 좋은 편. 수비드한 닭가슴살 샐러드와도 잘 어울린다.

국가. 인도

퀄리티 시즌. 12~2월

위치. 타밀나두 주 우다가만달람Udagamandalam*과 쿠누르Coonoor를 중심으로 한 고산 지대

개요. 인도 차 생산량의 25%를 차지하는 남인도의 대표 산지. 아삼에서 비롯된 대엽종을 주로 재배하지만 북인도의 차들보다는 인도양 건너에 위치한 스리랑카의 홍차들과 많이 닮았다.

지역적 특징. 남인도 데칸고원과 서고츠산맥이 만나는 해발 고도 1000~2500m에 달하는 고산 지대. 고도에 비해 완만한 능선과 숲이 어우러진 아름다운 풍경을 지니고 있어 인도의 알프스로 불린다.

기원. 닐기리는 인도에서 가장 먼저 차 재배가 시도된 곳 중 하나이다. 영국은 19세기 초반부터 중국으로부터 가져온 묘목과 차 씨앗을 이곳에 심었으나 대부분 실패했다. 그중 1835년 우티와 쿠누르 사이의 케티 밸리Ketti Valley에서 차나무를 키우는 데 가까스로 성공했으나 재배로 이어지지 못했고, 1854년 헨리 만Henry Mann이 쿠누르 지역에서 소규모 차 농장을 설립한 것을 시작으로 1859년에 이르러 타이숄라Thaishola, 던샌들Dunsandle 등 대규모 다원들이 닐기리 구릉에 자리 잡게 된다.

* 줄여서 우띠Ooty로 불린다.

Cha 02

^{절기와} 차

두 번째

절기

雨水

우수

철관음

鐵觀音

2월 19일 무렵

아이스 브레이킹

눈이 녹고 얼음이 풀리어 만물을 적시는 봄비가 되어 내린 다는 우수 언저리에 나는 이따금씩 시골집에 맡겨지곤 했다. 이제 막 겨울잠에서 깨어난 개울의 가장자리에는 강아지 꼬리마냥 통통히 털이 찐 갯버들의 꽃봉오리가 피었고, 나는 곧 돌아올 엄마를 위해 덜 자란 내 몸길이만큼 긴 버들강아지를 한아름 꺾어두었다.

작은 마을에서 만날 수 있는 사람은 정해져 있었고 그 모두가 상냥했지만, 때로 집이 그리울 때면 산 아래의 못을 뚱하니 바라보곤 했다. 그러던 어느 날 일순 골짜기를 고요히 흔드는 단호한 소리가 들렸다. 산 너머인지 어쩌면 바로 곁에서 울리는 것인지 거리를 가늠하기 힘든, 무언가가 내려앉은 듯한 옅고 묵직한 소음. 눈을 휘둥그레 뜨니 누군가가 두껍게 언 곳이 녹아 속에서 갈라지는 것이라고 했다. 바깥에서 울린 것이 아니라 마치 속에서 스며 나온 듯한, 만약 마음이 조각나는 순간을 귀로 들을 수 있다면 이런 소리일지도 모른다.

막 상경하여 새 학기를 준비하던 20대 시절에도 언젠가의 봄 방학과 같은 낯선 활기가 감돌았다. 몇 해 전 엘리자베스 2세 여왕이 다녀가며 재단장한 인사동은 아직 10대를 벗어나지 못한 초보 차 애호가에게 녹록지 않은 거리였지만, 이따금씩 따뜻한 차 한 잔에 그 이상의 친절이 더해지기도 했다.

붉은빛의 조그만 티포트 속 암갈색 찻잎들은 유난히 추웠던 그해 겨울의 내 모습처럼 몸을 동그랗게 말고 웅송그리고 있었다. 그때까지 차라고는 녹차나 홍차밖에 몰랐던 나는 무슨 씨앗이나 열매냐고 물었고 친절한 주인은 고개를 저으며 철관음이라는 다소 휘황하지만 거룩하게 들리는 이름을 알려주었다. 어째서 찻잔이 두 개나 나온 것인지 신경이 쓰였지만 팔팔 끓인 물이 티포트 안으로 힘차게 떨어지며 달고 그윽한 향이 작은 차실을 가득 메우자 이내 황홀해졌다.

하지만 진짜 놀라운 일은 그다음에 벌어졌다. 내내 궁금했던 테이블 위의 찻잔 두 개 중 길고 조붓한 쪽에 차를 따른 다음 나머지 잔으로 덮고 물 흐르듯 가볍게 뒤집는 것이 아닌가. 처음 차가 담겼던 좁고 긴 잔으로 향을 음미한 다음 차를 마셔보라는 찻집 주인분의 안내에 따라 나는 조심스럽고 조금은 경건한 마음으로 차를 홀짝였고, 지금 마시고 있는 차의 이름을 영원히 잊지 못하게 될 것을 금세 알았다. 고요하지만 쩡 가슴을 울리는, 그 언젠가의 얼음이 녹는 소리를 다시 들었던 것 같다.

미여관음중사철

철관음은 중국에서 가장 흔히 만날 수 있는 대중적인 청차다. 당시에는 나처럼 철관음으로 중국차를 처음 접하게 된 사람들이 많았다. 동글동글 포유(包揉)된 찻잎의 독특함과 그 인상적인 향기를 시작으로 차와 사랑에 빠진 이들이 한둘이 아니었으리라. 중국에서 가장 널리 사랑받는 청차인 만큼 차밭의 규모도 생산량도 복건성의 청차들 중에서 가히 압도적이다.

예로부터 철관음의 풍미를 일컬어 '미여관음중사철美如觀音重似鐵'이라 하는데, 차의 향기와 맛이 관음보살처럼 우아하고 아름다우면서도 묵직하게 입안에 내려앉는 느낌이 마치 무쇠와 같다는 뜻이다. 하지만 근래 들어 철관음을 마시기 시작한 분들에게는 이 설명이 조금 낯설게 느껴질 수도 있다. 최근 시장에서 일반적으로 만날 수 있는 철관음은 산화도가 낮아 건엽에 푸른빛이 도는 청향清香 철관음이기 때문이다. 쇠처럼 무겁기는커녕, 봄바람처럼 가볍게 살랑이는 맑고 가벼운 보디 위로 청아한 꽃 내음이 옥구슬처럼 굴러 넘실거린다.

나의 기억 속에 있는 철관음은 '미여관음중사철'이라는 말이 아쉽지 않은, 혀를 지그시 눌러주는 묵직한 맛에 난꽃과 계화의 그윽한 향기가 혀에 복잡한 무늬를 새기며 어우러지고, 마시고 난 후에도 우아한 여운이 길게 드리워지는 음운音韻이 빼어난 차였다. 지금도 오래된 농가에서는 이러한 농향濃香 철관음을 만든다. 청향과 농향, 두 방식의 결정적인 차이는 차가 완성된 다음 추가되는 배화焙火 과정의 여부로 나뉜다. 홍배烘焙나 탄배炭焙로도 불리는 이 과정은 간단히 말하면 커피의 로스팅Roasting과 비슷하다.

농향에서 청향으로

90년대 후반까지만 해도 주류를 이루던 농향 철관음이 어째서 청향 철관음에 그 자리를 내어주게 되었는지는 몇 가지 이유가 있다. 첫째는 소비자들의 취향이 점차 묵직한 차보다 가볍고 알기 쉬운 향을 지닌 청향형으로 바뀌었고, 둘째는 포장과 보관 및 운송 기술의 발전, 그리고 마지막으로 탄배 과정에 그 이유가 있다.

흔히 모든 차 기술자들 중 가장 귀하게 대우받는 사람이 탄배 기술자라고 할 만큼 탄배는 매우 힘들고 까다로운 작업이다. 전통 철관음을 만들기 위해서는 용안 등의 과일 나무로 만든 목탄을 태워 그 위에 차가 든 대나무 배롱을 얹은 다음, 찻잎이 타지 않게끔 낮은 온도를 유지하며 은근하게 익혀야 한다. 뿐만 아니라 고르게 탄배하기 위해서 일단 가지를 제거해야 하고, 그렇게 열을 가하는 동안 자연스레 차의 부피와 무게가 대폭 줄어든다. 이렇듯 만드는 데 오랜 시간과 공이 드는 것에 비해 완성품의 양은 청향형에 비해 적으니 당연히 기피할 수밖에 없다.

지금도 우수 무렵이 되면 얼어붙어 움츠러든 마음을 녹이고 덥혀주었던 철관음 한 잔과 지금은 사라진 인사동 골목 안쪽 작은 찻집의 다정하던 사장님의 보살과 같은 미소가 떠오른다. 얼음은 녹아 대지를 적시고 초목을 살찌우는 비가 된다. 이제는 어디서 무엇을 하시는지 영영 소식을 알 수 없지만 그분이 나누어주신 철관음 한 잔이 이렇게 또 다른 차업의 소명을 이끌어내었으니 참으로 신기한 일 아닌가.

철관음

중국에서 가장 인기 있는 청차

건엽
구슬 모양으로 단단하게 말린
윤기 나는 암갈색 찻잎

엽저
암록색 바탕에 붉은색 테두리가
또렷한 녹엽홍양변

수색
자줏빛이 도는 호박색

테이스팅 노트. 난꽃과 금목서의 그윽한 향. 미디움 보디. 꿀처럼 달콤하지만 약간의 미네랄 터치가 있는 묵직하고 깊은 맛과 오래 이어지는 애프터 테이스트.

페어링 팁. 우유나 설탕을 넣지 않고 차 그 자체의 우아함을 만끽한다. 견과류와 감말랭이 등의 말린 과일 그리고 페루나 가나산 빈투바Bean-to Bar 초콜릿 등의 가벼운 간식을 추천한다. 오븐에 구운 담백한 닭구이와도 잘 어울린다.

국가. 중국

퀄리티 시즌. 봄 차는 입하 전후, 가을 차는 한로 전후

위치. 복건성 안계현 서평진西坪鎭 일대

개요. 중국 10대 명차에서 늘 빠지지 않는 중국 차 문화를 대표하는 차이자 중국 사람들이 가장 사랑하는 청차다. 복건성 북쪽의 무이산에서 만들어지는 다른 청차들과는 달리 구슬처럼 동글동글하게 말려 있는 것이 특징으로, 대만 청차의 형성에 많은 영향을 미친 차이기도 하다.

지역적 특징. 복건성 남쪽의 천주泉州시 인근에 위치한 차 산지로 위도가 낮은 아열대성 기후에 속한다. 연간 강수량이 1700mm 내외이며 연평균 기온은 20℃ 내외로 온화하여 일 년 내내 차를 생산할 수 있지만 일교차가 커지는 봄과 가을에 수확하는 차가 특히 빼어나다. 철관음이 생산되는 안계현 서평과 감덕感德 지역은 바다와 가까우면서도 산으로 첩첩이 둘러싸인 곳으로 구름과 안개가 잦아 차의 풍미가 더욱 그윽하다.

기원. 처음에는 청차의 발상지인 무이산을 중심으로 한 민북閩北 지역에서 생산되었으나 인기에 힘입어 점차 민남閩南 지역에서도 청차를 만들게 되었다. 그중 지금까지 가장 널리 사랑받고 있는 철관음이 등장한 시점은 건륭제가 즉위한 해인 1736년 언저리로 짐작된다. 당시 관리였던 왕사양王士讓이 발견하여 황제에게 바친 차로 알려져 있다. 왕씨 일가는 지금도 안계현에서 차를 만들며 팔마차업유한공사八马茶业有限公司라는 기업을 운영하고 있다.

Cha ^{절기와} 차

03

세 번째

절기

驚蟄

경칩

누와라엘리야

Nuwara Eliya

3월 6일 무렵

삼월은 사자와 양

삼월이 오면, 모든 것이 다시 출발점 위에 선 것 같다. 구정 설을 쇠는 우리 문화에서 1월은 새해라기보다 송구영신의 연장전 같고, 2월은 실제로 짧기도 하거니와 졸업식이며 봄방학이며 정신을 차리고 보면 이미 끝난 뒤. 어째 소 잃고 외양간 고치는 기분이지만 그래도 삼월이 오면 모든 것이 새로이 시작되는 듯 흥겹다. 탕! 시합의 시작을 알리는 총소리처럼 경칩은 천지를 뒤흔드는 우렛소리와 함께 시작된다.

옛사람들은 얼음이 녹은 비가 대지를 적시고 난 후, 춥고 포근한 날씨 사이를 변덕스레 오가는 사이 차츰 대기가 불안정해지면 그해의 첫 천둥이 친다고 여겼다. 천둥소리에 깜짝 놀란 벌레들이 먼저 깨어나고 그 뒤를 개구리와 뱀이 따르며, 겨우내 길고 달콤한 잠에 빠져 있던 삼라만상이 비로소 기지개를 켜는 시끌벅적한 시기가 바로 경칩인 것이다. 엉망진창 진흙탕 속이지만 생명력이 넘친다.

우리와는 위도도 기후도 전혀 다른 먼 나라인 영국의 오래된 속담에는 "삼월은 사자처럼 와서 양처럼 떠나간다March comes in like a lion and goes out like a lamb."는 말이 있다. 삼월의 시작은 사자처럼 사납고 궂은 날의 연속이지만 이내 양처럼 포근하고 유순한 봄 날씨로 바뀐다는 의미인데, 맹수에 빗댄 삼월 초순의 이미지가 경칩이 지닌 역동성을 투영하고 있는 듯해 몹시 흥미롭다.

눈물방울의 한가운데

잠에서 깨어나는 것은 동물뿐만이 아니다. 이 무렵은 차를 사랑하는 이들이 애타게 기다리던 햇차 소식이 조금씩 들려오는 시기이기도 하다. 하지만 이 차들이 완성되어 소비자들의 손에 도달하기까지는 아직 충분히 더 기다려야 하기에, 이때쯤 만날 수 있는 햇차로 삼월처럼 제멋대로지만 명랑하고 경쾌한 에너지를 지닌 차, 실론Ceylon의 누와라엘리야를 소개하려 한다.

남인도에서 동쪽으로 눈을 돌리면 인도양의 눈물로 불리는 실론 섬, 홍차의 나라 스리랑카가 있다. 그리고 그 눈물방울 한가운데의 가장 높은 곳에 아름다운 마을 누와라엘리야가 있다. 비슷한 위도에 위치한 닐기리의 차들을 바짝 긴장하게 했던 계절풍은 이제 이곳 누와라엘리야의 홍차를 투명한 금빛으로 빛나게 하고, 혀를 자극하는 산뜻한 풍미와 더불어 봄의 야생화를 떠올리게 하는 짙은 향기를 또렷이 품게 한다. 녹록지 않은 자극적인 맛과 우아한 향기를 함께 지닌, 말 그대로 사자처럼 시작해 양처럼 끝나는 화려한 차다.

누와라엘리야는 다르질링이나 닐기리와 마찬가지로 위도상으로는 아열대 지역에 해당하지만 높은 고도로 온대 지역과 같은 서늘한 기후를 지니고 있어 일찍이 대영제국의 휴양지로 개발되었다. 눈이 닿는 모든 곳에 차나무가 자라는 언덕이 완만하게 이어지며 어린 새순이 볕에 닿으면 금빛 물결이 찰랑인다. 딤불라 지역으로 넘어가는 산등성이 사이에는 아름다운 호수들과 폭포가 자리 잡고 있고, 이처럼 전망 좋은 곳에는 언제나 우아한 티룸들이 있다.

관광지로서의 정체성이 일찍 확립된 곳이라, 이곳의 거의 모든 다원들이 관광객들에게 활짝 열려 있다. 대부분의 다원에서 예약 없이도 차의 제조 공정 전체를 살펴볼 수 있으며, 견학이 끝나면 티 팩토리 입구에 딸린 작은 가게에서 차를 마시고 기념품을 집을 수 있다. 그렇기 때문에 차 산지를 직접 방문하고자 하는 애호가들에게 가장 먼저 권하는 여행지이기도 하다.

슬픈 연인들의 홍차

많은 이들이 누와라엘리야에서 꼭 들러야 할 명소로 스리랑카 최고봉인 피두루탈라갈라Pidurutalagala산, 일명 페드로산을 타고 흘러내리는 러버스 립Lover's Leap 폭포를 꼽는다. 이루어질 수 없는 사랑에 절망한 연인이 함께 투신했다는 애달픈 전설이 있는 곳으로, 폭포 주변에 펼쳐진 금록빛 차밭이 바로 페드로 다원Pedro Tea Estate이다. 런던의 해로즈Harrods 백화점이든 도쿄의 루피시아 매장이든 최고의 누와라엘리야 홍차를 찾는다면 언제나 이곳의 차를 만나게 되어 있다.

폭포만큼이나 최고의 명성을 자랑하는 누와라엘리야의 명가, 페드로 다원은 대부분의 스리랑카 고지대 차High Grown Tea들이 그렇듯 홍차를 만들 때 로터베인Rotorvane을 사용하여 찻잎을 작게 자르기 때문에 이곳에서 가장 비싼 차들 또한 FBOP와 같은 브로큰 등급으로 시작된다. 그렇기 때문에 차를 우리는 시간에 집중하여, 생각하는 것보다 짧게 우려야만 한다. 단 1초라도 여유를 부리면 사자처럼 사납고 앙칼진 삼월의 맛이 당신을 덮쳐올 것이다.

한겨울의 퀄리티 시즌에 수확된 누와라엘리야는 청신한 향기에 중점을 두고 만들기에, 다른 실론 홍차에 비해 짧은 산화 과정을 거친다. 그래서 잘 우러난 퀄리티 시즌 누와라엘리야 티는 마치 엷게 반짝이는 봄볕을 그러모아 담은 듯 영롱하다. 소다수를 머금었을 때처럼 경쾌하게 혀를 자극하는 가벼운 수렴성조차 빛의 파편처럼 느껴질 정도이다. 잠들었던 몸에 눈부신 활력을 불러들이는 이 차는 경칩의 우레처럼 우리를 깨운다. 그러니 이제 들어보자. 만물이여 일어나라, 눈 뜨라고 부르는 소리 있도다Wachet auf, ruft uns die Stimme.

누와라엘리야

실론티의 샴페인

건엽
초록빛이 엷게 도는 잘게 잘린 다갈색 찻잎

엽저
붉은빛과 어두운 녹색이 섞인 균질한 잎

수색
화사한 황금빛

테이스팅 노트. 백서향, 엘더플라워 등의 작고 하얀 꽃과 크레송을 비롯한 새싹채소의 풋풋한 향기. 샴페인 브뤼Brut처럼 경쾌한 풍미. 라이트 보디. 입안에 부서지는 경쾌한 봄볕.

페어링 팁. 스트레이트 티로 혹은 설탕을 가볍게 넣어 오후 시간에 느긋하게 즐기기 좋다. 탄산수에 냉침하여 샴페인처럼 즐기는 것도 추천한다. 참외나 멜론, 수박 같은 산뜻한 과일이나 금귤 정과 등의 말린 과일과도 잘 어울린다.

국가. 스리랑카

퀄리티 시즌. 1~2월

위치. 누와라엘리야 산지

개요. 누와라엘리야라는 이름은 '빛의 도시'라는 의미로, 스리랑카의 7개 차 산지 중 가장 높은 지대에 위치한 차 산지이다. 같은 고산 지대이자 지형 및 기후의 유사성, 그리고 영국인들의 휴양지로 시작되었다는 공통점을 지닌 인도의 다르질링과 두루 비교되며 '실론티의 샴페인'이라고 불린다.

지역적 특징. 피두루탈라갈라산 남서쪽 기슭에 자리잡은 스리랑카 중부 고산 지대인 이곳은 아열대 고산 기후로 일 년 내내 봄 날씨 같다. 평균 기온은 20℃ 미만으로 다소 낮아 때로 서리가 내리는 날도 있지만 위도가 낮아 해가 떠오르면 금세 녹아내린다. 11월에서 3월 사이에 가벼운 건기가 찾아오며, 이 시기는 스리랑카 남동쪽에 위치한 우바 지역의 우기에 해당한다.

기원. 누와라엘리야에 처음 도시가 세워진 것은 1846년 영국의 탐험가인 사무엘 베이커 경에 의해서였다. 영국 교외 지역을 연상케 하는 사랑스럽고 고풍스러운 건물들로 채워진 휴양지였던 이곳은 이민자들에게 향수를 불러일으키며 '리틀 잉글랜드Little England'로 불리기도 하였다. 누와라엘리야에 차밭이 처음 조성된 것은 1884년의 일로, 지금의 페드로 다원에 해당하는 페어리랜드Fairyland 다원이 첫 번째였다.

Cha 절기와 차
04

네 번째

절기

春分

춘분

사계춘
四季春

3월 21일 무렵

우리가 잘 알고 있는 기적

꽃샘추위가 여전히 매섭지만 주변을 둘러싼 공기가 제법 나긋나긋해진 느낌이다. 주말에 길을 오가는 사람들의 발걸음에 조급함이 덜어졌다. 이제 봄이구나 하는 안도감이 다소 느긋해진 뒷모습에서도 배어난다.

낮과 밤의 길이가 같아지는 춘분. 어둠과 겨울이 지배하던 계절에 온전히 작별을 고하고, 이제부터 추분까지는 낮이 밤보다 긴 나날이 이어진다. 오늘부터 낮이 차츰 길어진다는 것뿐인데, 나를 둘러싼 모든 근심과 걱정들이 하루하루 덜어질 것만 같은 근거 없는 희망이 차오른다. 입춘의 추위 속에서 뿌려졌던 봄의 씨앗은 마침내 피어나 세상에 온기를 흩뿌리고 부드럽게 물들인다. 소리 없이 사부작대며 밤의 저편을 가로지르는, 우리가 잘 아는 기적이 어느새 시작된다.

이 무렵에는 대만의 청차들을 눈여겨봐야 한다. 늦가을부터 겨울까지 새로 만들어진 차들이 지난달부터 차 가게의 진열대를 조금씩 채워가고 있었을 터. 그중에는 어릴 적 읽은 동화책 속에 나오는 나라처럼 일 년 내내 언제나 봄이라는 이름이 붙은 차도 있다. 사계춘은 대만차를 다루는 상점이라면 어디서든 흔히 만날 수 있는 청차다. 구하기도 쉬울뿐더러 가격도 저렴한 편이라 봄 기분에 가벼운 마음으로 선뜻 골라도 거리낌이 없다.

대만으로 이어진 중국 차 문화

명말 청초의 혼란기를 거쳐 비로소 6대 차류로 완성된 중국의 차 문화는, 일본의 식민 지배와 중국의 공산화로 인해 잠시 소강상태에 접어들게 된다. 이때 사유 재산 몰수를 피해 바다 너머로 건너온 차농들에게는 문화 혁명보다 훨씬 나은 기회가 열려 있었다. 대만은 이미 명대 말기부터 차나무의 보급이 시작되었고, 일본인들이 조성한 대규모 티 플랜테이션도 있었다. 복건성을 중심으로 한 중국의 청차 문화가 새로운 터전으로 이식되는 것은 그리 어려운 일이 아니었다. 문화란 향유할 수요를 원동력으로 발전하는 것이기에 시장 경제 체제를 택한 대만은 적어도 90년대까지는 중국 본토의 차 문화를 압도해왔다.

대만의 차농들은 처음에는 수출을 목적으로 차를 만들었으나, 70년대 전후로 대만의 경제가 호황을 이루며 내수 시장이 부쩍 성장하면서 이전보다 더욱 경쟁력 있으면서도 새로운 차들이 요구되었다. 이러한 배경에서 등장한 차가 바로 문산포종文山包種이나 아리산阿里山, 삼림계杉林溪 우롱 등으로 대표되는 청향 우롱이다.

전통적인 탄배 과정으로 마무리되는 묵직한 복건성의 청차들과는 달리 대만의 차농들은 녹차나 백차에 가까울 정도로 가볍게 산화시킨 비췻빛 청차로 전 세계의 소비자들을 매혹시켰다. 그리고 인력이 두루 소모되는 제다 과정에 기계를 적극적으로 도입하여 고른 품질의 빼어난 차들을 안정적인 가격에 공급할 수 있게 되었다. 가격 체계가 비교적 투명하게 공개되어 있어 바가지요금이 드문 대만에서는 굳이 전문가가 아니어도 충분한 예산만 있다면 어지간한 등급의 좋은 차를 어렵지 않게 구할 수 있다.

사계절이 모두 봄

사계춘은 대만 북부의 목책木柵 지역에서 우연히 발견된 품종이다. 추위에 강하여 겨울철에도 수확할 수 있어 생산성이 높고, 병충해에도 강해 어느 지역에서든 무난히 잘 자라 대만 전역의 농가에서 널리 사랑받는다.

차를 마시는 일에 공을 들이며, 더 귀하고 희소한 찻잎을 찾아 헤매다 보면 사계춘처럼 손쉽게 구할 수 있는 저렴한 차는 이내 시야에서 밀려나곤 한다. 하지만 자연스레 생겨난 빼어난 품종의 차나무가 어느 날 우연히 발견되어 모든 사람에게 널리 사랑받는다는 것은 거의 기적에 가까운 일이 아닐는지. 때가 되면 모든 이들에게 찾아오는 우리가 잘 아는 기적, 봄처럼 말이다.

누군가 처음 마시는 대만차를 추천해달라고 하면 나는 기꺼이 사계춘을 권한다. 마치 웨딩 부케에 코를 파묻은 듯 화사한 꽃 내음과 수박이 연상되는 달고 산뜻한 맛. 향그럽지만 쉬이 질리지 않는 친근한 청향의 매력에 이내 빠지게 될 테다. 온기 한 톨 느낄 수 없는 황량한 계절이라 하여도 사계춘에게는 일 년 내내 햇차의 시즌이다. 시간이 흘러 낮보다 밤이 긴 나날이 다시 시작되면 나는 사계춘 찻잎을 꺼내 차분히 우릴 것이다. 그는 언제나 우리 곁에 있는 봄이기에.

사계춘

일 년 내내 봄인 차

건엽
노란빛과 초록이 섞인 구슬처럼 동그랗게 말린 찻잎

엽저
테두리 끝만 갈색을 띠는 올리브그린

수색
옥색이 감도는 금빛

테이스팅 노트. 옥란, 치자꽃 등 봄에 피어나는 흰 꽃들을 모은 청신한 꽃다발. 라이트 보디. 복수박이 연상되는 달고 시원한 맛과 개운한 애프터 테이스트.

페어링 팁. 주로 스트레이트 티로 우유나 설탕을 넣지 않고 즐긴다. 냉침으로, 혹은 급랭으로 시원하게 마시기에도 좋다. 조금 진하게 우려 딤섬이나 찐 채소 요리에 가볍게 곁들이는 것을 추천한다.

국가. 대만

퀄리티 시즌. 사계절(연중 5~6회 이상 수확)

위치. 남투현南投縣 명간향名間鄉 송백령松柏嶺 일대

지리적 특징. 대만 남투현 명간향은 중앙 산맥 서쪽에 펼쳐져 있는 해발 300~400m대 전후의 일조량이 풍부한 평평한 지대로, 연간 강수량은 1700mm 내외이고 연평균 기온은 23℃ 정도로 온난하고 습윤한 전형적인 아열대 기후이다. 평지라는 지형적 이점으로 인해 기계를 사용한 채엽이 가능하므로 대량 생산에 적합하며, 안정적인 품질의 가성비가 빼어난 차를 생산할 수 있다.

개요. 일 년 내내 봄처럼 새순이 돋아난다 하여 사계춘이라 명명되었다. 차나무의 이름이자 차의 이름. 대만차 산업 전체에서 두루 쓰이는 품종이자 대만 사람들에게 가장 널리 사랑받는 차.

기원. 사계춘의 역사는 1946년 목책 지역의 차농인 장문휘張文輝로부터 시작되었다. 어느 날 그는 차밭 사이에서 이전에 보지 못한 독특한 차나무를 발견하는데, 이를 철관음 종으로 발전시켜 1960년 어귀부터 재배를 시작하게 되었다. 그의 이름을 따서 휘자차輝仔茶로 불리기도 한다. 사계춘은 남투현 명간 지역의 차농 이채운李彩云이 이 품종을 본격적으로 상품화시키며 붙인 이름이다.

다섯 번째

절기

清明

청명

서호용정

西湖龍井

4월 5일 무렵

그대는 사월의 하늘

허전하던 나뭇가지에 자그마한 빛 조각이 내려앉는가 싶더니 이내 여기저기 꽃망울이 터진다. 변덕스럽던 하늘도 말갛게 개어 나날이 포근해져 가고, 지난날 울려 퍼지던 그 노래가 한 해를 지나 다시 거리를 채우면 나풀거리는 벚꽃 잎이 사랑하는 이들의 머리며 어깨 위에 꿈처럼 내려앉는다. 마침내 봄의 한가운데, 청명이다.

차츰 맑아진다는 절기의 뜻처럼 이 무렵에는 세상 모든 것들이 윤이 나고 눈부시다. 눈 닿는 곳에 존재하는 모든 것이 한껏 물이 오르는 때라, '청명에는 부지깽이를 꽂아도 싹이 난다'는 옛말이 있을 정도다. 식목일이 청명과 겹쳐지는 4월 5일로 지정된 것 역시 이런 연유일 게다.

꽃봉오리를 깨우는 비와 보드라운 바람 그리고 나날이 파릇파릇하게 무르익는 이 계절의 아름다움을 사랑하는 이에 빗대어 〈그대는 세상의 사월의 하늘你是人間的四月天〉이라는 시를 지은 사람도 있다. 20세기 중국의 문학 및 사상계에서 널리 활동하며 당대 최고의 명사였던 린후이인林徽因(1904~1955)이다.
린후이인의 고향인 절강성浙江省 항주杭州의 4월을 떠올리면 그가 묘사하는 달콤한 시구들이 과장이 아니라는 생각이 든다. 전당강 하구의 깊은 만 안쪽에 자리 잡은 항주는 대륙의 북부와 남부를 잇는 대운하의 종착점이며 중국인들이 가장 사랑하는 차, 서호용정이 태어난 곳이다.

사자와 용, 호랑이와 구름 그리고 매화

내륙으로 깊이 뻗은 만과 호수를 끼고 있는 항주에는 안개가 자주 끼곤 한다. 전통 가옥과 현대의 마천루가 어우러진 푸르스름한 연무에 싸인 도시의 풍경은 그저 바라보기만 해도 감탄이 나온다. 약 700년 전 이곳에 도달한 마르코 폴로가 세계에서 가장 빼어난 도시라고 찬탄한 것도 무리가 아니다.

역사가 오래된 고도이다 보니 그저 산책하는 것만으로도 흐뭇한 곳이지만 항주의 진짜 봄을 만나려면 도시 서쪽에 위치한 호수, 서호의 남서쪽으로 고개를 돌려야 한다. 병풍처럼 호수를 감싼 나지막한 산등성이를 넘어 울창한 숲과 안개를 헤치고 비로소 시야가 밝아오면 골짜기마다 엷은 연둣빛 싹의 보드라운 빛으로 감싸인 신비로운 차밭이 나타난다. 이름의 기원이 된 용정과 사봉산獅峰山, 호포虎泡, 운서云栖, 매가오梅家烏. 이곳 다섯 산지에서 만들어지는 차가 바로 서호용정이다.

지역마다 차나무나 제다 방식이 조금씩 차이가 있다 보니 서호용정도 각기 다른 특색을 지니게 되는데, 이 지역의 이름을 따서 용과 사자 그리고 호랑이, 구름과 매화로 차를 구분하였다. 그중 가장 손꼽히는 차는 사자, 즉 사봉산에서 나는 것으로, 생전에 어찌나 차를 좋아했던지 유명 산지마다 전설 하나씩은 남긴 청대의 황제 건륭제가 그 맛에 반해 열여덟 그루의 차나무에 벼슬을 내리고 18어차御茶로 명명한 이야기가 전해지는 곳이다. 황제의 차나무들은 지금도 사자의 봉우리 아래에서 300년 가까이 봄을 맞고 있다.

청명 전에 딴 차는 보배

서호용정을 즐기는 이들에게 청명은 몹시 각별하다. 청명 이전의 어린 잎사귀로 만든 차는 명전차明前茶로 불리는데, '명전차 귀여금明前茶 貴如金'이라 하여 청명 전에 딴 차는 금처럼 귀하다는 옛 말이 전해질 정도다.

우리나라 녹차의 고슬고슬 말린 잎사귀에 익숙한 이라면 멜론 씨가 조금 더 커진 모양의 길쭉하고 납작한 용정 찻잎을 보고 놀랄지도 모르겠다. 명전 서호용정의 경우 비교적 잎이 작고 색이 바랜 듯 잎 끝에 금빛이 도는 편인데, 간혹 신선하지 않은 차로 오해할 수 있으니 주의해야 한다.
납작이 눌린 찻잎이 물을 머금고 서서히 일어나 살며시 펴지는 모습은 마치 꽃이 피어나는 모습처럼 황홀하다. 우러난 찻물은 잎을 너무 적게 넣었나 아니면 짧게 우린 건가 하는 의심이 들 만큼 엷지만, 코 안쪽으로 밀려드는 나물을 쪄낸 듯 싱그럽고도 고소한 향내 위로 청아한 봄 들판이 펼쳐진다. 신선한 찻잎이 지닌 은은한 단맛에서 배어나는 담박한 매력이 있다.

워낙 맑은 맛이라 금세 사그라들 것 같지만 소나무 사이로 부는 바람 같은 청량함이 내내 머무른다. 이 차를 한 번이라도 맛본 사람이라면 마치 주문에 걸린 듯 청명을 기다리게 될 것이다. 린후이인이 노래한 사랑의 찬가 속 그대를 차로 말하자면 아마도 서호용정이 아닐는지. 청명을 앞두고 햇차를 고대하는 모든 이들의 입을 빌어 말한다. 그대, 용정차는 세상의 사월 하늘이어라.

서호용정

중국이 가장 사랑하는 녹차

건엽
군데군데 노르스름한 선명한 초록색,
윤기가 돌며 곧게 뻗은 편평한 찻잎

엽저
옅은 쑥색을 띠는 보드라운 싹

수색
밝고 투명한 옥빛

테이스팅 노트. 먹으로 단숨에 그려낸 고고한 난꽃. 청아하고 순수하면서도 향그럽다. 라이트 보디. 감칠맛이 가볍게 감돌며 온유하고 담백하다.

페어링 팁. 차 그 자체의 맑고 담박한 맛을 즐긴다. 마시고 난 찻잎을 요리에 활용해도 좋다. 가볍게 찐 새우 등의 담백한 해산물 요리와 잘 어울린다. 죽순이나 아스파라거스 등의 야채에 곁들여도 좋다.

국가. 중국

퀄리티 시즌. 청명 전후의 이른 봄

위치. 절강성 서호西湖 인근

지리적 특징. 차밭의 고도는 150~400m 사이로, 연평균 기온 16℃ 내외의 일 년 내내 영하로 떨어지지 않는 온화한 기후와 충분한 강수량으로 차를 재배하기에 적절하다. 바다와 호수가 인접한 지역적 특징으로 안개가 끼지 않는 날이 드문데, 이는 직사광선을 자연스레 차단하여 차의 맛을 달고 그윽하게 한다.

개요. 항주뿐 아니라 중국을 대표하는 명차. '사절四絶'이라고 하여, 색록色綠, 향욱香鬱, 미감味甘, 형미形美가 있다. 즉, 색은 비췻빛을 띤 선명한 초록이고, 향은 짙고 부드러우며, 개운한 단맛과 참새의 혀를 연상케 하는 작은 이파리 모양이 아름다운 4가지 특징을 지니고 있다 한다.

기원. 용정차라는 이름이 알려지기 시작한 것은 명~청시대 이후부터지만, 서호 일대에서 차를 재배하기 시작한 것은 약 1200년 전으로 거슬러 올라간다. 청나라 강희제 때 공차貢茶로 지정되어 왕실에 헌납되었다. 봄철마다 서호에 배를 띄워 답청을 즐기곤 하던 건륭제 또한 용정차를 몹시 아꼈는데, 북경에 있던 태후가 병에 걸렸다는 소식을 듣고 급히 이곳의 차를 가져가 마시게 하였더니 이내 나았다는 이야기가 전해진다.

Cha

절기와
차

06

穀雨

곡우

우전

雨前

4월 20일 무렵

때를 알고 내리는 비

　　멀리 사는 친구에게서 예고도 없이 전화가 오는 날이 있다. 너 괜찮니. 하루하루 숨 쉴 겨를도 없이 떠밀려 오는 일상에 치이다 보면 지인들에게 안부를 묻는 일도 쉽지 않다. 소리로 내지 못한 울음이 가슴속에 쌓여 몸도 마음도 바싹 타들어갈 때쯤 어디서 어떻게들 안 건지 오랜만에 연락이 오는 반가운 이들이 있다. 내용이야 거기서 거기인 안부 전화일 뿐이지만, 그 짧은 대화가 어찌나 달디 단지 메마른 논에 물 들어오듯 기운이 솟는다. 마치 때를 알고 내리는 비처럼.

　　'호우지시절好雨知時節 당춘내발생當春乃發生. 좋은 비는 시절을 알아 봄이 되니 이내 내리네.' 중국의 시성 두보杜甫(712-770)가 쓴 〈춘야희우春夜喜雨〉의 첫 구절이다. 때가 되면 자연히 내려 세상을 흠뻑 적시고 이 땅에 나는 모든 것들을 살찌우는 봄비의 경이로움이란 예나 지금이나 경탄의 대상이 된다. 곡우는 비가 내려 만물이 윤택해진다는 절기이다. 꽃이 진 자리에 여린 잎이 돋아나고 한껏 물오른 신록이 산을 차츰 물들이며 봄이 끝나 감을 알린다. 농가에서는 본격적인 농번기를 맞아 볍씨를 물에 불리고 논과 밭을 살핀다.

　　때를 알고 내리는 고마운 비를 맞고 무럭무럭 자라는 것은 차나무도 마찬가지다. 곡우가 지나면 나물이 뻣뻣해진다는 이야기가 있듯, 예로부터 곡우 이전에 딴 어리고 부드러운 차 싹만을 골라 만든 차를 우전이라고 부르며 귀하게 여겨 왔다. 다른 나라의 차 산지에 비해 높은 위도에 자리 잡은 한반도의 차나무들은 4월 중순께나 수확을 할 수 있어서 우리나라에서는 우전이 한 해의 문을 여는 첫 차다.

가깝고도 낯선 우리 차

이 땅에서 차나무를 기르기 시작한 것은 기록된 것만으로도 거의 1200년 전의 일이다. 하지만 막상 우리 주변을 둘러보면 일상 속에서 차를 즐기는 이들을 만나기란 쉽지 않다. 그나마도 제대로 우려 마시는 경우는 극히 드물고 대부분 간편히 즐길 수 있는 티백이거나 아예 수입 차인 경우가 많다. 내가 처음 차의 세계로 빠지게 된 것도 한국 녹차가 아닌 영국 유명 브랜드의 홍차 때문이었다.

우리나라 남쪽 지역으로 가면 제법 많은 차밭들이 있고 그곳에서도 오랫동안 차를 만들어왔다는 것을 머리로는 알지만 어쩐지 우전이니 세작이니 하는 우리 녹차는 다소 어렵고 고리타분하다는 이미지가 있다. 빽빽이 들어선 서울의 카페들 대부분에서 얼그레이 티를 판매하고 있지만, 그중에서 한국 녹차를 파는 곳은 생각만큼 많지 않다. 한 가지 분명한 것은 이것이 한국 녹차 자체의 품질 문제는 아니라는 점이다. 차 산지를 떠돌다 보면 다양한 나라의 차 애호가들을 만나곤 하는데, 나는 그들을 위한 가벼운 선물로 만원 조금 넘는 정도의 저렴한 국산 녹차를 챙기곤 한다. 우리나라에서는 평범한 수준의 차이지만 선물 받은 이들이 인생 최고의 녹차라며 감격하는 걸 봐서는 그들 특유의 과장법을 덜어내고 본다 해도 충분히 찬사를 보낼 만한 맛이 아닐까.

향그런 기시감

우리 녹차는 담박하고 개운하며 쉬이 질리지 않는다. 앞서 차를 선물 받았던 타국의 차 친구들이 공통적으로 언급한 점이었다. 언뜻 중국의 초청 녹차炒青綠茶* 와도 비슷하지만 좀 더 마시기 편하고 소쇄한 단맛이 입안에서 경쾌하게 찰랑인다. 먹을 뻑뻑이 갈아 붓에 충분히 적신 다음 크고 넓은 백지 위를 내달리며 거침없이 쳐내려 간 맹송죽의 기상과 같고 흑립 아래 늘어진 비취 장식의 영롱함 같다.

우전의 맛은 그보다 조금 심심하다. 펴지지 않은 싹은 아직 자그마하고 여전히 꿈결 너머에 있는 듯하다. 코를 가까이 대고 향기를 맡노라면 어쩐지 그리운 기분이 든다. 곤히 잠든 아가의 숨결에서 나는 조금은 비릿하지만 꼬숩고 달콤한 향내, 레몬 껍질을 넣고 폭폭 삶아 햇볕에 바짝 말려 입힌 배냇저고리의 내음. 어쩌면 해변에 줄지어 심은 소나무 사이를 넘어오는 짭조름한 바닷바람 같기도 하다. 첫 모금은 다소 담담하지만 거듭 마시노라면 마음속 심해 너머로 가라앉아 잊힌 어떤 감정이 왈칵 치밀어 오르는 것이다. 기억에는 없지만 유전자 어딘가에 새겨진 듯한 익숙한 맛. 그 은미하고 고아한 기시감.

* 솥에 덖어 만드는 녹차. 우리나라의 우전과 세작. 중국의 서호용정 등.

차는 좋아하지만 아직 우리 차가 어려운 이가 있다면 나는 곡우 언저리의 어느 봄날 햇 우전을 선사하고 싶다. 온기를 머금은 바람이 이마 위로 살랑이고 햇살이 느긋이 비껴 들어오는 오후라면 더 좋겠다. 아직 솥의 불기운도 채 가시지 않은 어린 찻잎들은, 낮은 온도에 지그시 우려도 좋고 팔팔 끓인 물을 부어 잽싸게 우려내어도 좋다. 굳이 찻주전자를 쓰지 않고 두 손으로 감쌀 수 있는 도톰한 찻사발에 찻잎을 넣고 찬찬히 홀짝여도 좋을 것이다.

차를 마시며 우리는 우려낸 시간을, 머지않아 마무리 지어질 봄을 입안에 머금고 굴린다. 처음 마시는 차는 왠지 모르게 몹시 익숙하다. 하지만 누구나 이내 떠올리게 될 것이다. 너무 가까이 있기 때문에 잊히고 만 세상의 모든 어머니들이 전해주었던 그 맛을. 어찌 이 차를 사랑하지 않을 수 있을까.

우전

한 해의 가장 첫 차

건엽
짧고 고슬고슬하게 말린 금빛이 도는 회녹색 찻잎

엽저
노르스름한 풀빛의 통통한 싹과 어린잎

수색
엷고 영롱한 금록빛

테이스팅 노트. 껍질을 까서 생으로 오독오독 씹어 먹는 약단밤. 인동덩굴과 쑥, 감꽃 내음. 은미하지만 끈기 있게 지속되는 단맛.

페어링 팁. 가급적 다과를 곁들이지 않고 맑은 차의 맛을 온전히 음미한다. 간을 슴슴하게 한 쑥버무리나 증편과 같은 떡과도 잘 어울리고, 금귤 정과, 호두나 생밤 등의 견과류를 더해도 좋다.

국가. 한국

퀄리티 시즌. 청명과 곡우 사이

위치. 하동에서 보성, 남해를 건너 제주까지

지리적 특징. 섬진강 하구에 자리 잡은 하동과 보성은 산과 바다, 강이 어우러져 대륙성 기후와 해양성 기후가 함께 나타나는 지역으로, 우리나라에서 가장 비가 많이 오는 곳이기도 하다. 양쪽 모두 물 빠짐이 좋은 사질토의 비율이 높고 연평균 기온 13℃ 이상의 온난한 기후로 차나무가 자라기 좋다.

개요. 우리나라의 봄을 알리는 첫물차. 곡우 전의 이른 시기에 나는 어린 싹을 골라 딴다. 지역과 상관없이 채엽 시기를 기준으로 한 명칭으로, 지리산 아래쪽에 위치한 우리나라 거의 모든 차 산지에서 만들어진다.

기원. 《삼국사기》에 따르면 "신라 흥덕왕 3년(서기 828년) 당에서 돌아온 사신 대렴大廉이 차나무 씨앗을 가지고 와서 왕이 지리산에 심게 하였다. 차는 선덕여왕 때부터 있었지만, 이때에 이르러 성하였다."라고 하며, 이는 우리나라 차에 관한 가장 오래된 기록으로 알려져 있다.

여름

오월의 나무들이 부르는 신록예찬을 뒤로하고 무르익는 더위와 함께 녹음이 빽빽이 세상을 뒤덮는 때. 히말라야가 전하는 다르질링의 늦은 봄소식으로 시작하여 달고 찬 백차를 홀짝이며 무더위를 피해 정산소종의 그윽한 송연향이 그리는 무이산의 비경으로 떠나는 여름방학. 세계 각국의 햇차를 양껏 만날 수 있어 흥겨운 시기.

Cha ^{절기와}^차
07

일곱 번째

절기

立夏

입하

다르질링
퍼스트 플러시
Darjiling 1st Flush

5월 5일 무렵

여름이 시작되는 곳

눈을 감고 문을 열어젖힌다. 늘 그렇듯 언제부터 굴러다녔는지 연대를 짐작할 수 없는 낡은 내연 기관들이 뿜는 매캐한 연기와 흙먼지가 가장 먼저 밀려온다. 한 발짝 더 내디디면 무언가가 썩어가는 달갑지 않은 덜큰한 내음이 백단 향에 섞여 후덥지근한 대기 사이를 나른히 맴돈다. 정수리에 내려 꽂히는 햇살은 두피 속까지 바싹 헤집어 금세 불이라도 붙일 것 같다.

길을 메운 사람들을 아랑곳없이 각자의 속도로 달리는 노란 택시들을 피해 노점들이 늘어선 가장자리로 바싹 다가선다. 당연한 일이지만, 차도 보행자도 이곳에서는 그 누구도 신호등을 보지 않는다. 날벌레를 쫓으려 피우는 인센스의 자욱한 연무 너머로 사람 키보다 큰 사탕수수가 초록빛 라임과 함께 압착기 사이를 빠져나간다. 좀처럼 보기 힘든 커다란 얼음덩어리 아래로 고인 달콤한 주스를 초벌구이 도기 컵에 담아 홀짝이면 비로소 일 년 내내 여름인 도시, 인도 콜카타Kolkata에 도착한 실감이 난다.

한때 캘커타Calcutta로 불렸던 이곳은 영국령 인도 제국을 대표하는 가장 크고 화려한 도시였다. 17세기 말 영국 동인도 회사가 자리 잡은 이래로 서구 세계의 차 무역을 견인해온 콜카타는, 아삼과 다르질링에 대규모 티 플랜테이션이 조성되면서 세계적인 차 산업의 중심지로 도약하였다. 지금도 인도의 거의 모든 차 회사들이 이곳에 모여 있으며 세계에서 가장 큰 규모의 티 옥션도 이곳 콜카타에서 열린다. 때문에 차를 쫓아 떠나는 나의 여행은 언제나 여기서부터 시작된다.

계절을 거슬러 다르질링

콜카타의 크고 작은 차 회사를 돌며 다원 방문 일정을 정리하고 나면, 나는 여름의 도시를 뒤로하고 히말라야의 봄을 만나러 간다. 폭염이 내려쬐는 공항에서 내려 한 시간쯤 달려 짙게 우거진 숲 사이를 빠져나가면 어느새 계절은 시간을 거슬러 여름에서 봄으로 돌아간다. 차창을 열면 가방 안의 카디건을 꺼내 입어야 할 만큼 쌀쌀하다. 처음 이곳에 온 차 애호가들은 로히니Rohini, 마카이바리Makaibari, 마가렛스호프Margaret's Hope, 캐슬턴Castleton 등 익히 아는 이름의 표지판을 지나칠 때마다 환호하지만 실은 지금부터가 본격적인 여정의 시작으로, 다르질링 시내에 당도할 때까지 가파른 낭떠러지를 옆구리에 끼고 3시간 가까이 거친 산길 위에서 흔들려야만 한다.

아무도 살지 않는 해발 2000m의 바위산이던 다르질링을 세계에서 가장 유명한 차밭으로 바꾸어 놓은 것은 19세기 영국인들이었다. 그들이 경애하던 중국 무이산의 차나무들은 이곳 히말라야 산비탈에 뿌리를 내리고 새로운 터전을 잡았다. 하지만 이후 그 어느 곳에서도 같은 기적은 반복되지 않았다. 그래서 다르질링 티는 다른 지역의 차보다 더욱 귀하게 여겨졌다. 영국이 문을 연 차 산업 시대의 첫 번째 스페셜티 홍차라고 해도 좋을 것 같다.

겨우내 단잠에 빠졌던 차나무가 마침내 기지개를 켜고 처음으로 싹을 틔우는 첫 번째 퀄리티 시즌이 바로 봄의 퍼스트 플러시1st Flush이다. 이 무렵이면 그해의 가장 첫 차를 맛보기 위한 애호

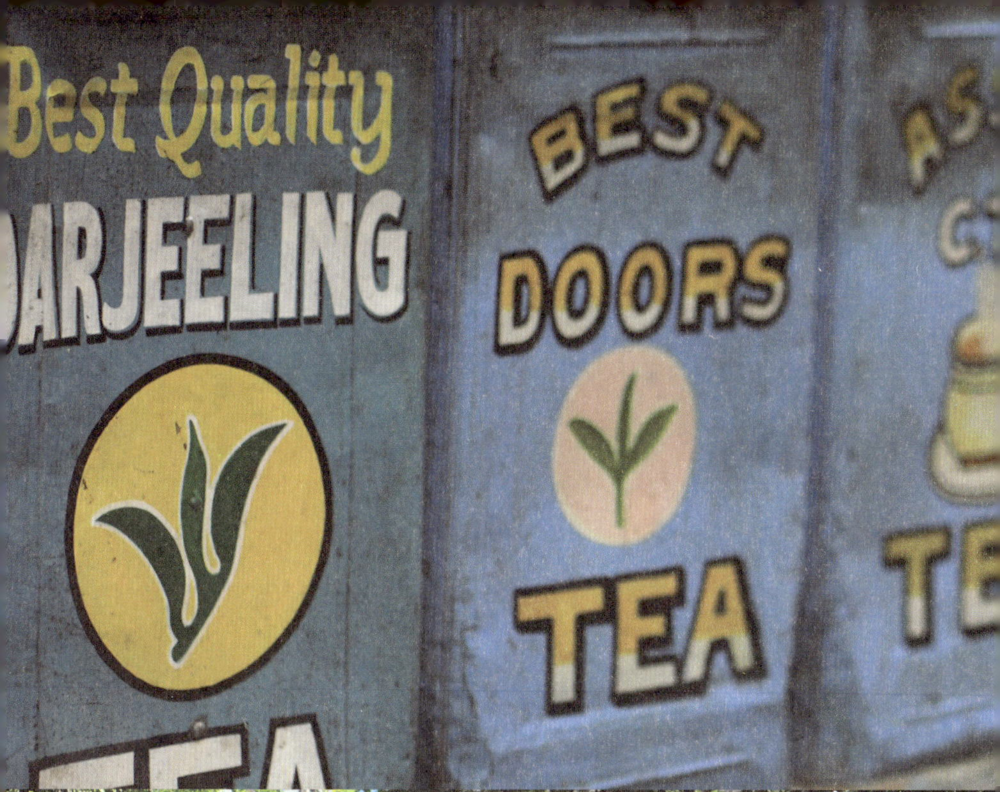
Best Quality
BEST
DOORS
TEA

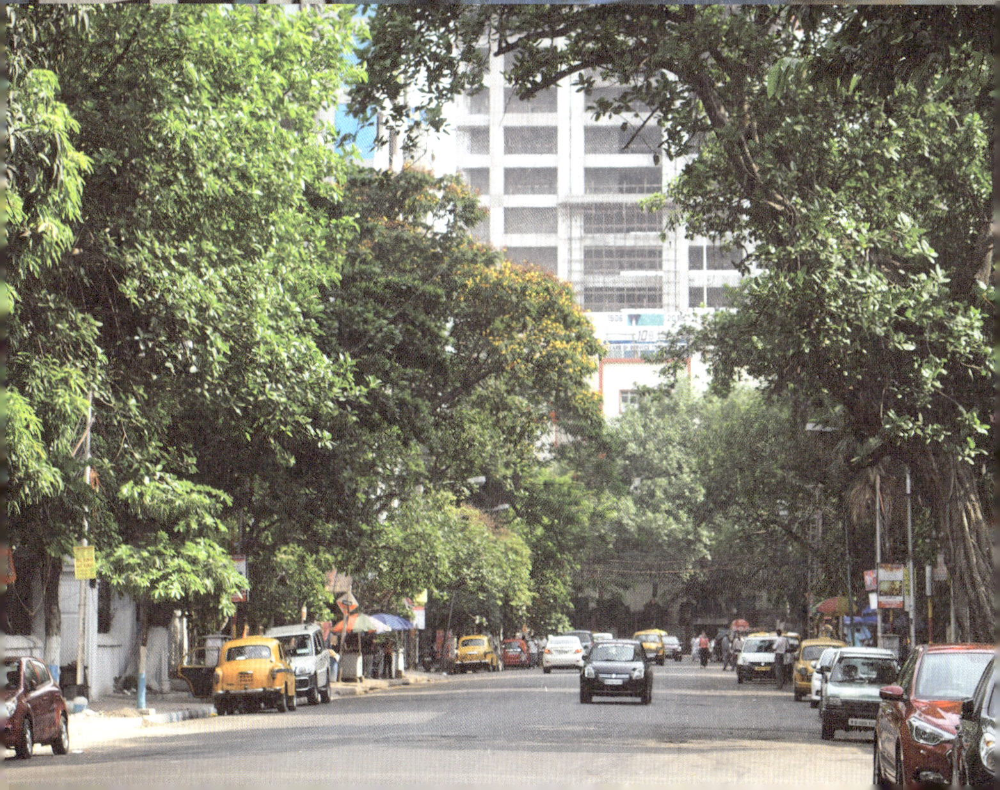

가들의 마음이 조급해지고 하루라도 빨리 햇차를 선보이고자 하는 차상의 발걸음도 분주해진다. 차를 고르고 통관을 거쳐 햇차를 손님들에게 소개하고 나면 어느새 봄이 끝나고 만다.

퍼스트 플러시 전쟁

다원에서 그해 첫 번째로 출하하는 인보이스 넘버 1번DJ1. EX1이 붙은 차에 대한 관심이 높아지면서, 누가 먼저 빠르게 첫 차를 선보이느냐 하는 경쟁도 몹시 치열해졌다. 영리한 누군가는 다르질링 지역이라고 보기 힘들 정도의 저지대에서 수확한 때 이른 차를 첫 퍼스트 플러시라 소개하기도 하고, 인위적으로 온도를 높여 싹을 틔우게끔 하는 방법을 쓰기도 한다. 그런 차들은 가격은 터무니없이 높고 맛은 다소 밋밋하여, 기호를 떠나 가급적 피하는 것이 좋다.

이렇듯 첫 차에 대한 소비자들의 열망은 퍼스트 플러시의 위치를 다르질링의 세 시즌 중 가장 높은 곳으로 끌어올렸고, 그러한 기대를 충족하기 위해 이전에 보지 못한 독특한 매력을 지닌 다양한 차들이 나오게 되었다.

유명 브랜드에서 시즌 한정으로 소개하고 있는, 은빛 솜털이 눈에 띄고 크고 부서진 곳 없는 아름다운 찻잎의 다르질링 티들은 영국에서 온 농장주들이 이곳에 처음 심었던 중국 소엽종과는 다른 새로운 품종이다. 우아한 꽃 내음과 열대 과일이 연상되는 이국적이고 달큰한 향이 인상적인 이러한 차들은 녹차에 익숙한 일부 차 애호가들에게 홍차에 대한 인식을 전환시키는 계기가 되기도 했다.

입하 무렵에야 비로소 맛볼 수 있는 햇 퍼스트 플러시의 맛은 어린 잎사귀에 투명하게 맺히는 아침 햇살의 맛이다. 보이지 않지만 향기로 기척을 알리는 오월의 아카시아이고 휘영청 뜬 보름달 아래 반짝이는 은목서 혹은 새벽 그늘 아래 수줍게 피어난 은방울꽃이다. 한입 베어 물면 즙이 턱을 타고 흐르는 수밀도이고 아삭아삭 잘 익은 수박이기도 하다.

종종 레몬 드롭스처럼 상큼 달달하고 두릅과 고사리처럼 쌉쓰름하면서도 감칠맛이 매력적이며, 차를 말릴 때의 불 내음이 가시지 않은 햇차에서는 잘 구운 멜론빵이나 쇼트브레드의 고소한 내음이 나기도 한다. 차가 만들어진 농원 이름이 붙어 있는 단일 배치Batch의 싱글 에스테이트 티Single Estate Tea는 한 번 우린 후 버리지 말고 한 번 더 우려 보길 바란다. 아예 개완을 사용하여 짧게 거듭 우려도 좋겠다.

이제 오월, 모두가 각자의 봄을 마무리하고 새로운 계절을 맞이하겠지만 나의 여름의 문은 여전히 콜카타와 다르질링 사이 어드메에 있는 것 같다. 그 문을 열고 계절을 거슬러 떠난 여정에서 당신을 위해 내가 고민하며 고른 퍼스트 플러시 다르질링을 꼭 한 번 맛보아주길 바란다. 여름의 입구에서 뒤돌아 떠올린 언젠가의 햇살처럼, 기척만으로도 찬란히 빛나는 차일 테니.

다르질링 퍼스트 플러시

봄에 수확하는 다르질링 티

다르질링 퍼스트 플러시 아리야 다원 다이아몬드
Darjeeling 1st Flush Arya Tea Estate Diamond

건엽
실버 팁과 어우러진 연둣빛과 초록의 느슨히 말린 찻잎

엽저
붉은 테두리가 간혹 있는 엷은 올리브그린의 어린잎

수색
맑고 옅은 꿀빛

테이스팅 노트. 재스민, 백합, 가드니아 등의 흰 꽃과 봄나물의 쌉쓰름하고 고소한 단맛 그리고 경쾌한 수렴성. 라이트 보디. 열대 과일이 연상되는 달콤한 향기가 있다.

페어링 팁. 스트레이트 티로 마시는 것을 권장한다. 찬물에 우려 맑은 단맛을 만끽해도 좋으며, 향과 단맛이 없는 탄산수에 냉침하여 샴페인처럼 즐기는 것도 추천한다. 살짝 찐 흰살생선이나 시트러스 과일을 사용한 무스 케이크나 타르트와 곁들이면 좋다.

국가. 인도

퀄리티 시즌. 3~4월

위치. 서벵골주 다르질링 다르질링 타운Darjeeling Town 외곽

지리적 특징. 아리야 다원은 지도상으로는 다르질링 시내 바로 옆이지만 다르질링 다원들 중에서도 손꼽힐 만큼 험준한 곳이다. 관계자 외에는 접근하기 힘들다 보니 자연환경이 잘 보존되어 있으며, 해발 900~1820m의 산비탈에 차나무가 자란다. 히말라야 고산 지대에서 흔히 볼 수 있는 미기후Micro Climate의 영향으로 각 구역마다 미세하게 강수량 및 일조량의 차이가 있다.

개요. 가장 높은 곳에 위치한 차밭에서 수확한 스페셜티 상품에 보석 이름을 붙이는 독특한 마케팅으로 전 세계의 차 애호가들을 사로잡고 있는 차.

기원. 본래 '시드라봉Sidrabong'이라 불리던 이곳에 1885년 중국 소엽종 차나무를 심은 것은 몇 명의 불교 승려들이었다. 그들은 새로이 탄생한 다원에 산스크리트어로 '존경'이라는 의미를 지니고 있는 '아리야Arya'라는 이름을 붙였다. 1999년 티 팩토리가 전소되는 위기를 겪었으나, 새로이 재건한 후로 지형적 한계를 극복하기 위하여 전 구역을 유기농으로 전환하였으며 중국과 대만의 제다 방식을 적극 도입하여 2000년대 다르질링 티의 고급화를 이끈 선두 주자이다.

다르질링
이야기

천둥과 번개의 땅

인도 다르질링Darjeeling은 네팔과 부탄 사이의 히말라야 고산 지대에 자리 잡은 소도시이다. 도르제 링Dorje Ling, 현지어로 '천둥과 번개의 땅'이라는 이름답게 이곳은 언제나 짙은 운무로 감싸여 있고 안개 사이로 둥글게 몸을 말고 잠든 초록빛 양떼처럼 보이는 차나무들이 해발 1000m 미만부터 2100m까지 골짜기 구석마다 빼곡히 채워져 있다.

다르질링은 영국인들이 가장 아끼는 차 산지였으며 어찌나 귀하게 여겼던지 이곳은 그들이 조성한 티 플랜테이션 중 유일하게 씨티씨CTC 공장이 없는 곳이다. 남인도나 스리랑카에서는 널리 쓰이는, 찻잎을 잘게 자르는 기계인 로터베인도 이곳에서는 거의 사용되지 않는다. 인도 전체 차 생산량의 겨우 1%밖에 생산되지 않지만, 매 퀄리티 시즌마다 전 세계의 차 애호가들의 이목이 집중되는 곳이기도 하다.

차밭이 조성되기까지

이곳은 본래 다르질링 위쪽에 위치한 시킴 왕국의 땅이었으나 네팔과의 영토 분쟁에서 시킴을 도와준 공로로 영국 동인도 회사가 1835년 장기 임대하였다가 1865년에는 현재의 다르질링 지역 전체가 영국령으로 편입되었다. 처음에 이곳을 임차한 영국 동인도 회사는 영국을 떠올리게끔 하는 다르질링의 안개와 서늘한 기후가 영국 군인들을 위한 요양소를 세우기에 적당할 거라 여겼으나, 1841년 이 지역의 초대 지사로 부임한 아치볼드 캠벨 박사의 생각은 조금 달랐다. 저명한 식물학자이기도 했던 그는 다르질링이 중국 복건성의 무이산과 유사한 기후 및 지형적 특징을 지니고 있다는 점에 주목하였고, 비치우드 Beechwood에 있는 사택 근처에 차 씨앗을 심어 차나무를 길러내는 데 성공하였다.

이후 1852년 알루바리Alubari, 슈타인탈Steinthal, 투크바Tukvah 세 곳에 실험 농장이 설립된 것을 시작으로 점차 재배 지역을 넓혀가게 되었고, 현재 다르질링에는 모두 80개가 넘는 다원이 활발히 운영 중이다. 아직까지 당시 설비 그대로 운영되는 곳도 적지 않으니 그저 대단할 따름이다.

차나무의 한 해

다르질링은 일 년에 세 번의 퀄리티 시즌을 맞는다. 세 시즌 모두 각각의 개성이 살아 있어 어디가 가장 빼어나다고 말하기 쉽지 않다.

겨울의 휴경기가 끝나고 처음으로 피어나는 싹이 퍼스트 플러시1st Flush이다. 3월 초중순 인도의 봄맞이 축제인 홀리Holi 축제 무렵이면 수확을 시작한다. 가볍게 산화되어 말간 금색을 띤 찻물과 봄의 야생화를 연상시키는 화사한 향기, 그리고 수렴성 있는 경쾌한 풍미가 특징이다.

봄의 수확이 끝나고 열흘에서 보름 가까이 쉬어간 다음 5월 중순에서 말엽에 세컨드 플러시2nd Flush 시즌이 시작된다. 그리고 우기가 시작되기 직전, 덥고 습한 날씨가 이어지면 찻잎의 진을 빨아먹는 벌레들이 번성하는데, 이때 수확한 찻잎에서는 다르질링의 독특한 풍미인 '무스카텔 플레이버'가 발달한다.

우기가 끝나고 다르질링에서 드물게 화창한 하늘을 만날 수 있는 시기가 가을의 오텀널Autumnal이다. 이 무렵 인도에서는 힌두교의 새해 축제인 디왈리Diwali가 열린다. 이 시기의 차나무들은 마치 신의 가호를 받은 듯 달콤하여, 처음 차를 접하는 이들도 부담 없이 즐길 수 있어 좋다.

다르질링 만끽하기

다르질링은 굳이 차가 아니더라도 충분히 매력적인 마을이다. 깎아지른 듯 가파른 산비탈에 따개비처럼 다닥다닥 붙은 알록달록한 집들은 잘 가꾼 꽃들로 아름답게 단장되어 있고, 네팔과 시킴에서 온 산악 민족들은 어째 우리와 비슷한 얼굴이라 반갑다. 우리나라의 칼국수와 수제비를 닮은 요리도 있고, 모모Momo라고 불리는 작은 만두도 판다.

초우라스타Chowerasta 광장에는 인도에서 가장 오래된 서점 중 하나인 옥스포드 서점Oxford Book Store이 있고 그곳에는 다르질링에 관한 세상의 모든 책들이 모여 있다. 그중 마음에 드는 책을 골라 비탈길을 내려오면 다르질링에서 80년 넘게 차를 팔고 있는 노포 나쓰물스Nathmull's가 있다. 이 티룸의 테라스 자리에 앉으면 다르질링의 절경 때문에 책에 집중할 수 없다는 단점이 있다.

다르질링은 시작부터 유럽인들에 의해 가꾸어지던 곳이다 보니 인도의 다른 지역들보다 깔끔하고 쾌적한 편이다. 고산 지대의 선선한 기후 덕에 길에서 음식을 먹고 배탈을 경험하는 일도 비교적 적으며, 예스러운 서양 음식들을 파는 가게들도 많아 다양한 먹거리의 즐거움도 있다.

조금 예산의 여유가 있다면 다르질링 북쪽의 글렌번 다원Glenburn Tea Estate에서 운영하는 호텔에서 휴가 내내 머물러도 좋을 것이다. 잘 관리된 개별 정원이 딸린 방에서 집사와 메이드의 극진한 돌봄을 받으며, 원하는 때 언제든 다르질링 최고의 차를 홀짝이면서 19세기 귀족이 된 듯한 호사를 누릴 수 있다.

글렌번 다원에서 운영하는 리조트 시설

다르질링의 미래

이토록 아름다운 다르질링이지만 안타깝게도 그 앞날이 썩 밝지만은 않다. 최근 10년 사이 인도의 내수 경제가 활기를 띠면서 관광 산업이 크게 발전했지만 여전히 이 지역의 경제를 지탱하는 것은 전통적인 차 산업이다. 2017년 다르질링 세컨드 플러시 시즌을 강타한 파업 사태의 충격에서 채 헤어나지 못하고 2020년의 팬데믹을 맞은 다르질링은 역대 최악의 불황에 허덕이고 있다.

과거에도 다르질링에 위기가 없었던 것은 아니다. 소련이 붕괴하고 다르질링의 경제는 큰 타격을 받게 되었다. 이에 독일을 비롯한 서유럽 국가들과 일본이 새로운 시장으로 떠오르게 되었고, 이들의 취향을 맞추기 위해 다르질링 다원들은 90년대 중후반부터 꾸준히 친환경 경영으로 전환해왔으며 새로운 품종의 고급 차를 개발하였다. 달콤한 향기와 실버 팁이 아름다운 퍼스트 플러시 다르질링, 아리야 다원의 다이아몬드티나 캐슬턴 다원의 문라이트 티 또한 이러한 변화에 적응하는 과정에서 등장한 것이다.

다르질링의 다원들이 현재 맞닥뜨린 위기를 잘 극복하고 급변하는 세계의 차 시장 안에서 전통의 강자다운 모습을 찾아가길 진심으로 응원한다. 과거에도 그래왔듯 그들은 늘 새로운 해결책을 찾을 것이기에.

다르질링 시내에 있는 성 조셉 학교St. Joseph's School.
1888년 영국인들이 세웠다.

퍼스트 플러시 시즌에 차를 수확하는 굼티 다원Goomtee T.E.의
티 플러커들Tea Plucker(노동자들).

Cha

08

여덟 번째
절기

小滿

소만

말차
抹茶

5월 21일 무렵

또 다른 보릿고개

때로 헝클어진다. 어그러진다. 그리 너르지도 않은 마음속에 담아둘 것이 어찌 그리 많은지 종종 가눌 길 없이 흔들리곤 한다. 후회 한 점 없이 상쾌한 기분으로 잠드는 날이 일 년 중 얼마나 될까. 뜻대로 되지 않기에 더욱 멋지고 흥미진진한 것이 인생이라지만, 세상은 벨벳에 감싸인 초콜릿 상자가 아니고 때로 그 속에는 어른들조차 감당하기 힘들 만큼 쓰고 아린 무언가가 도사리고 있다.

여름의 문을 넘어 만물이 점차 생장하여 가득 차오르는 절기인 소만에는 시선이 닿는 그 모든 곳에 생기가 넘쳐흘러 몹시 눈부시다. 앵두와 산딸기가 영글고 담장의 해당화며 장미가 붉게 부풀어 오른다. 이처럼 아름답고 풍요로운 나날이건만, 그 어느 것도 아직 완전히 여물지 않았기에 농사에 의존하던 옛사람들은 이 시기를 보릿고개라고 부르며 두려워하였다.

그들이 하루하루 말라갈 때 보리밭은 나날이 윤택해져 갔고 사람들은 씁쓰레한 풀을 씹으며 동트기 전의 짙은 어둠 속을 버텨냈다. 이제 우리 곁에 과거와 같은 절대적 빈곤은 없지만 여전히 생은 버겁고, 가끔은 나를 제외한 모두가 과분히 행복해 보이곤 한다. 들여다보지 않으려 해도 눈이 가고, 마음이 중심을 잃고 깊은 구렁 속으로 빠지려 할 때 나는 말차를 우린다.

온전히 마시다

말차抹茶는 말 그대로 가루를 낸 차를 의미한다. 우린다고 썼지만, 찻잎을 거르지 않고 거품을 내어 분말째로 마신다. 이렇게 마시는 방식을 점다법點茶法이라고 하며 중국 송대와 우리나라 고려 시대에 널리 쓰이던 방식이다. 일본에 말차가 전래된 것은 가마쿠라 막부 초기인 1191년으로 세 나라 중 가장 나중이었지만, 이후 중국과 우리나라에서 말차가 산차散茶 형태의 찻잎에 서서히 밀려난 반면에 일본의 다도 문화는 지금까지도 말차를 중심으로 이어져 오고 있다는 점이 흥미롭다.

정좌를 하고 엄숙한 분위기에서 차를 만드는 다도의 이미지 때문인지, 말차하면 무턱대고 어려워하는 이들이 많지만 실은 가장 간편하게 차를 즐길 수 있는 방법이다. 차와 차선, 그리고 적당한 크기의 찻사발만 있으면 충분하며 찻잎째로 마시기 때문에 설거지를 포함한 뒷정리 또한 몹시 간단하다. 덜 고소하고 쌉싸래한 미숫가루라고 생각해보면 어떨지. 2000년대 이후 부쩍 높아진 말차의 인기에 한몫한 북미의 차 애호가들은 건전지로 작동하는 전동 거품기로 휘리릭 거품을 내어 마시기도 하고 아예 쉐이커를 쓰기도 한다.

오늘날 대부분의 차들은 뜨거운 물에 찻잎을 우린 후 걸러서 마시는 포다법泡茶法을 사용한다. 다시 말하자면 찻잎에 포함된 여러 가지 이로운 물질들 중 우리가 섭취할 수 있는 것은 물에 녹는 일부의 수용성 성분밖에 없다는 뜻이다. 그에 비해 말차는 찻잎

전체를 온전히 마실 수 있다. 이것이 최근 전 세계에서 말차를 주목하는 이유이기도 하다.

마음에 빗질을

일단 차를 우려야겠다고 마음먹으면 몸이 먼저 움직인다. 물을 끓이고 찻사발과 차선을 예열한 다음 곱게 체에 내린 차 가루를 차시로 소복이 떠서 한 번 두 번 세 번 마지막으로 사발 바닥이나 가장자리에 톡톡. 손이 움직일수록 생각은 덜어지고 고민은 옅어진다. 펄펄 김이 나는 뜨거운 물을 말차 위로 고루 붓고 차선으로 살짝 풀어주며 격불을 시작한다. 사발 바닥에 차선으로 마음 심心자를 그리듯 빠르게 움직여 진득한 찻물을 휘저으면 차선의 대나무 살 사이로 고운 연둣빛 거품이 한숨처럼 새어 나온다.

손에 쥔 따뜻한 찻사발은 마치 살아 있는 듯 포근하고 그 안에 담긴 것은 아마도 찻물이 아니라 희뿌옇게 흐려진 나의 마음일 게다. 헝클어진 마음결에 차선을 담그고 구석구석 빗질하듯 경쾌하게 손을 놀린다. 격불이 끝나고 굵은 게거품은 조심조심 깨트린 다음 차선을 잡은 손을 돌려 빼며 사발 가운데 봉긋한 유화乳花를 피워 올리면 완성이다.

언제부터 고여 있었던지 녹조가 자리 잡은 학교 뒤뜰의 연못처럼, 바닥이 보이지 않는 걸쭉한 초록빛 찻물은 넙죽 삼키기에는 다소 무서운 모양새다. 첫인상을 극복하고 일단 한 모금 삼키면 입술 위를 덮는 폭신한 운유雲乳 너머로 초여름의 신록이 밀려든다.

언뜻 쓰고 떫을 것 같지만 말차는 대체로 가림막을 씌워 차광 재배한 보드라운 찻잎으로 만들기에 떫지 않고 감미롭다. 풀을 꼭꼭 씹어 삼키는 초식 동물이 된 양 잔잔한 평화가 찾아든다. 짙은 녹음이 휩쓸고 간 자리에 남는 쌉싸래한 맛이 마치 숲 저편에서 불어오는 산들바람마냥 청량하고 개운하다.

최근 몇 년간 차를 치유의 매개로 여기는 담론이 늘었다. 힐링이라는 단어가 우리 곁에 깊숙이 자리 잡아갈 때, 나는 그보다 사람들이 차를 온전히 즐길 수 있기를 바랐다. 차를 우리고 마시는 일에 특별한 의미를 부여하고 무거운 수식어들이 늘어날수록 차는 일상에서 멀어진다.

차는 기호음료일 뿐 아무것도 하지 않는다. 물을 끓이고 찻잔을 데우는 익숙한 동작이 머리를 가볍게 비워주는 것도, 격불을 하며 마음을 빗어 내리는 것도 결국 차가 아니라 내 스스로 하는 일이다. 그러니 지유조심只有操心, 겉으로 보이는 것에 현혹되지 말고 다만 마음을 붙들기를. 이것만 기억한다면 또다시 다가올 내면의 보릿고개에도 굶주리지 않고 당당할 수 있을 것이다.

말차

송대부터 이어져 온 차의 원형

건엽
곱게 밀착되는 밝은 초록색 미분

수색
불투명한 에메랄드빛

테이스팅 노트. 벨벳처럼 부드러운 마우스필. 풀 보디. 보리순과 다시마. 바다와 녹음이 교차하는 짙은 우마미旨味, Umami 속의 청량하고 개운한 맛.

페어링 팁. 일본 다회에서는 달콤한 화과자를 먼저 먹은 다음 말차를 마신다. 팥이나 초콜릿, 유크림 등 밀도감 있는 단맛에 밀리지 않아 달고 묵직한 디저트와 두루 잘 어울린다.

국가. 일본

퀄리티 시즌. 5~6월

위치. 교토부 소라쿠군相楽郡 와즈카정和束町 일대

지리적 특징. 교토 인근에 위치한 우지宇治시 남동쪽의 와즈카정을 중심으로 한 산간 지역. 우지시와는 별개의 행정 구역이지만 이곳에서 나는 차를 우지차라고 부른다. 평지에서 산비탈까지 푸른 차밭이 조성되어 있으며 해발 고도는 다른 산지에 비해 그다지 높지 않지만, 배수가 좋고 일교차가 크며 인근에 강이 있어 안개가 자주 낀다. 차나무들을 지나치게 빽빽하게 심지 않는 것이 특징이다.

개요. 우지는 교토를 중심으로 한 일본 차 문화를 견인해온 일본의 대표 차 산지. 시즈오카나 가고시마에 비해 규모는 작지만 우라센케裏千家나 오모테센케表千家 등 일본의 주요 다도 유파들의 다회에서 빠지지 않고 사랑받는 차다.

기원. 오늘날 흔히 유통되는 형태의 낱잎으로 된 차는 명대부터 등장하기 시작한 것으로, 그 이전에는 찻잎을 증기에 쐬어 틀에 찍어 덩어리 형태의 병차餠茶로 만들었다. 송대에는 찻잎을 맷돌에 곱게 갈아 차 가루로 거품을 내어 마시는 점다법이 유행하였는데, 가마쿠라 막부 초기 1191년에 남송에서 유학한 에이사이永西 선사가 귀국하며 말차와 점다법을 일본에 소개하고 교토 남쪽의 우지 일대에 차나무를 심게 한 것이 시작이다.

농차濃茶와 박차薄茶

일본 다도에서 말차는 크게 두 가지로 나눈다. 일반적인 찻집에서 흔히 만날 수 있는 말차는 우스차, 즉 박차薄茶이고 우스차에 비해 찻잎은 2배로 물은 절반으로 줄여 걸쭉하게 만든 고이차, 즉 농차濃茶는 주로 다회를 위해 준비되는 특별한 차다. 고이차는 혼자서 마시는 것이 아니라, 다회에 참석한 이들이 함께 사발을 돌려 가며 한 모금씩 마시는 것이 원칙이다. 둘 다 차광 재배한 찻잎을 사용하는 것이 원칙이지만, 일반적으로 우스차에 쓰이는 찻잎보다 고이차에 쓰이는 찻잎이 대체로 더 비싸며, 수령이 몇십 년에서 백 년까지 달하는 오래된 차나무를 엄격히 차광 재배한 어린 싹으로 만들어 쓴맛이 억제된 농밀한 감칠맛을 지니고 있는 것이 특징이다. 제품명이 '~무사시昔'로 끝나는 차는 고이차를 위한 말차일 가능성이 높다.

말차 우리는 법

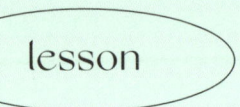

우리가 알고 있는 말차는 일본 다도의 우스차薄茶이다. 차 가루에 뜨거운 물을 붓고 곱게 풀어주며 거품을 내어 마신다. 거품이 고운지 거친지는 크게 중요하지 않고 뭉침 없이 잘 풀어주는 것이 포인트.

How to make

1. 다완과 다선을 함께 예열한다.

2. 말차를 차시로 두어 번 덜어 넣는다.

3. 뜨거운 물로 차 가루를 겨우 적실만큼 부어 살짝 갠다.

4. 95℃ 의 물 50∼70㎖ 가량을 붓고 다선으로 격불한다.

5. 큰 거품들을 다완 벽으로 쳐서 부수며 정리한다.

말차 아포가토 Matcha Affogato

고이차는 일본 다도에서는 우스차 이후에 배우는 심화편에 해당하지만, 고이차를 아이스크림 위에 부으면 누구나 좋아하는 말차 아포가토를 만들 수 있다. 대단한 솜씨가 필요하지도 않아, 말차가 겨우 개어질 만큼 뜨거운 물을 붓고 뭉치지 않게 저어주는 것으로 충분하다. 오목한 그릇이나 낮은 컵에 아이스크림을 담고 차를 흘러내리게 한다. 과자나 말린 과일, 견과류 등을 곁들여 다양한 식감을 더해도 좋다.

Cha

09

절기와
차

아홉 번째

절기

芒種

망종

백호오룡

白毫烏龍

6월 5일 무렵

여름걷이

　　매실이 초록빛으로 토실하게 여물어 오르면 마침내 보리를 벤다. 보리를 추수한 자리에 바로 모를 심어야 하는 남쪽 지역에서는 한 해 중 가장 바쁜 시기가 바로 지금으로, 절기 이름도 '까끄라기가 있는 곡식'이라는 의미의 망종. 바로 이 시기의 주인공인 벼와 보리다. 망종 전까지는 어떻게든 보리를 거두어야 한다. 그래야 그 자리에 물을 채우고 새파랗게 자란 어린 벼들을 못자리에서 논으로 옮겨 심을 수 있기 때문이다.

　　끝나지 않을 듯 고되던 춘궁기가 끝나고 비로소 손에 넣은 이 작은 풍요를 선인들은 하수夏收, 즉 여름걷이라고 불렀다. 농사 일이 아무리 고되어도 씨를 뿌리고 살뜰히 돌보면 언젠가는 결실의 때가 온다. 해가 뜨면 지는 것처럼 열심히 일한 만큼 으레 기대할 수 있는 성취가 있었다.

　　어느덧 논과 밭을 떠나 도시로 떠나오며 사람들은 하늘을 바라보는 대신 스스로를 들여다보게 되는 일이 잦아지게 되었다. 주어진 것에 감사하고 나를 구성하는 모든 것을 사랑할 수 있다면 좋겠지만, 우리가 할 수 있는 것은 여기저기 드리워진 우울의 탁한 너울을 피해 조금이라도 볕이 닿는 곳으로 나아가는 것뿐. 때문에 과거 농경 사회의 구성원들이 누렸을 작지만 무결한 성취가 가끔은 부러운 것이다.

벌레 먹은 찻잎

하지만 어떤 결함은 망종 무렵에 피어나 누구든 돌아보지 않을 수 없을 만큼 우아하고 달콤한 향을 품는다. 흔히 동방미인東方美人으로 불리는 백호오룡이 바로 그것이다. 일반적으로 청차는 어린 싹이 아닌 충분히 자라서 여러 성분들이 고루 자리 잡은 잎으로 만드는데, 예외적으로 백호오룡은 은빛 솜털이 덮인 싹과 그 아래 어린잎 한두 개 정도를 더하여 따기에 이러한 이름이 붙었다.

채엽 기준도 그렇지만, 이 차는 청차라기보다 거의 홍차에 가까우리만큼 산화도가 높은 차다. 금빛 테두리가 빛나는 호박빛 수색이라든가 희게 빛나는 실버 팁스와 충분히 산화되어 암녹색과 붉은 갈색이 뒤엉킨 고슬고슬한 찻잎은 언뜻 보면 다르질링 세컨드 플러시 홍차와 닮았다.

뿐만 아니라 다르질링의 무스카텔 플레이버처럼 백호오룡도 화사한 꽃내음과 꿀에 절인 과일이 연상되는 달고 화려한 풍미를 지니고 있어 샴페인 우롱, '향빈오룡香檳烏龍'이라 불린다. 혹시 누가 몰래 향료를 더한 것이 아닐까 싶을 만큼 우아하고 화려한 백호오룡이 다른 차와 구별되는 가장 큰 특징은 이 차가 지닌 특유의 향기가 바로 벌레 먹은 잎에서 온다는 점이다.

유월의 시작과 함께 차츰 기온이 오르고 본격적인 비의 나날들이 찾아들기 직전 후덥지근한 날씨가 이어지는 무렵이면 차나무의 싹이나 어린 이파리의 뒤쪽에 밝은 연둣빛의 작은 깨알처럼 보이는 것들이 붙어 있는데, 우리나라에서 복숭아나 감귤 농가에 피해를 입히곤 하는 초록애매미충의 일종인 소록엽선小綠葉蟬이다.

차 또한 농산물이고 충해蟲害는 어느 농가에서나 염려해야 하는 심각한 문제이기에 처음에는 소록엽선이 휩쓸고 간 찻잎으로 차를 만들지는 않았다고 한다. 하지만 이를 아쉬워하며 벌레 먹은 잎을 모아 차로 만든 누군가가 있었고 그 향기가 유달리 농밀하다는 것을 알게 되었을 것이다. 생각지도 못한 높은 가격에 차를 팔게 된 그가 주변에 소식을 전했을 때 대부분의 사람들이 이를 믿지 못하고 허풍이라 여겼기 때문에 한때 이 차는 팽풍차膨風茶로 불리기도 하였다. 그러나 이제 백호오룡은 극히 적은 수확량에도 불구하고, 전 세계의 차 애호가들이 손꼽아 기다리는 차이자 대만을 대표하는 차로 자리 잡게 되었다.

결함에서 개성으로
어떻게 이파리 하나에서 이토록 짙고 풍부한 향이 날 수 있을까. 차에 따라 팔팔 끓인 물을 부어도 상관없지만 섬세한 향을 세심히 즐기고 싶다면 물을 살짝 식혀 우려준다. 백호가 엉긴 마른 찻잎이 게으르게 물을 머금으며 피어나는 향기는 까끄라운 솜털의 감촉과 함께 과수원에서 보낸 여름 한철을 떠올리게 한다.

새큼한 꽃내음을 흩뿌리는 찔레 덩굴과 새벽빛을 닮은 꿀풀들 사이를 벌들이 분주히 날아다니는 동안 한낮의 햇살에 달아오른 보드라운 과실은 마치 그 자체로 생명을 지닌 듯 약동치는 온기를 지니고 있다. 찔레꽃 그늘 아래 드러누워 그대로 껍질을 벗기고 여름 볕의 내음이 온전히 담긴 희고 매끄러운 과육을 베어 물면, 손에 온통 넘쳐흐른 과일즙이 끈적거려도 몹시 흡족하였다.

  잘 다듬은 황옥처럼 영롱한 차는 서슴없이 혀 위를 굴러 비강을 환하게 밝히고 목 안을 진득하게 타고 흐른다. 얼음 설탕으로 재운 황매실이 익어가는 내음인가 하면 백향과 셔벗에 끼얹은 오렌지꽃 꿀처럼 서늘하지만 깊고 화사하다. 여름밤처럼 길고 달콤한 여운이 끝날 즈음 어쩌면 이 계절이 숨겨둔 세상의 비밀 일부를 발견할지도 모르겠다. 때로는 결함이 우리를 완전하게 만든다는 것을.

백호오룡

서구를 매혹시킨 동방의 미인

건엽
흰 솜털을 두른 어린 싹을 비롯해 노란색과 붉은색, 갈색과
초록 모두 다섯 가지 색이 어우러진 나선으로 꼬인 찻잎

엽저
가장자리에 붉은색이 감도는 윤기 나는 갈색 이파리

수색
오렌지빛이 어른거리는 맑은 등황색

테이스팅 노트. 잘 익은 핵과류 과일과 꿀을 연상시키는 부드럽고 우아
한 향기와 길게 이어지는 고상한 여운. 찰랑거리는 젤리처럼 매끄럽고
점성이 느껴지는 달콤한 촉감.

페어링 팁. 향을 온전히 만끽하고자 한다면 가급적 아무것도 곁들이지
않고 즐기는 것을 권하나, 복숭아 콤포트에 마스카포네 치즈를 곁들이
거나 여름 과일을 두루 넣고 가볍게 군힌 젤리와 잘 어울린다. 과일이
들어 있는 무겁지 않은 질감의 디저트류를 추천한다.

국가. 대만

퀄리티 시즌. 5월 하순에서 6월 중순 무렵 / 때에 따라 10월 중순 무렵에도 생산

위치. 신죽新竹. 묘율苗栗. 도원桃園 등

지리적 특징. 백호오룡의 대표적인 산지인 도원, 신죽, 묘율은 타이베이와 타이중 사이의 타이완 섬 북서쪽 해안에 위치한 곳으로 이를 합쳐 도죽묘 차구桃竹苗茶區로 불리기도 한다. 백호오룡이 생산되는 차밭들은 도심이 위치한 해변보다 내륙의 산간 지대 쪽으로 자리 잡고 있으며 다원의 경사는 대체로 완만한 편이고 해발 고도는 300~600m 정도로 그다지 높지 않다.

개요. 소록엽선이라는 벌레로 충해를 입은 찻잎에서 나는 독특한 향기가 특징으로 드물게 어린 싹으로 만드는 청차. 흔히 '동방미인東方美人'으로 불린다. 대만 정부에서 보증하는 대회인 우량차비새優良茶比賽에서 가장 높은 가격에 거래되곤 하는 차다.

기원. 지금과 같은 모습의 백호오룡의 제다법이 정착된 것은 대략 일제강점기의 일로 당시에는 백호오룡을 팽풍차膨風茶로 불렀다. 1930년대 후반 신죽현 북포北埔의 강아신姜阿新이라는 사업가가 일본 일동 홍차의 전신인 미츠이농림주식회사三井農林株式會社의 지원을 받아 홍차를 중심으로 녹차와 팽풍차를 판매했다는 기록이 있다.

가장 널리 알려진 이름인 동방미인은 팽풍차라는 이름이 모양새가 썩 좋지 않아 우량차비새가 시작된 1970년대에 대만차협회 측에서 붙인 상품명으로 짐작된다.

열 번째

절기

夏至

하지

백호은침

白毫銀針

6월 21일 무렵

우리가 빌려온 여름날

어렸을 적에는 하루가 몹시도 길었다. 학교를 다녀와서도 이런저런 할 일이 많았다. 산딸기를 따먹겠다고 뒷동산에 갔다가 무덤가에서 술래잡기를 하거나, 친구를 쫓아 놀러 가서 집집마다 다른 얼굴을 하고 있는 서가를 실컷 구경하고, 오후 다섯 시께부터 시작하는 만화영화에 잠시 혼이 나갔다가 마침내 밥 먹으라는 어머니의 목소리를 따라 어슬렁 식탁에 다가앉곤 했다.

해가 떠 있는 시간이 늘어나고 그림자가 짧아질수록 우리의 하루는 더욱 길어졌다. 저녁 식사가 끝나고 난 후에도 여전히 사방이 환했기에 다시 낮이 돌아온 것 같았다. 밥숟갈 내려놓기 무섭게 다시 뛰쳐나가 부르는 이가 있건 말건 그네를 타고 모래집을 만들고, 잇따라 나온 어른들이 평상이며 벤치에 앉아 느긋이 부채질을 하며 이야기꽃을 피웠다.

더위가 제자리를 찾기 시작하는 하지 무렵이면 어머니가 이따금씩 오늘 저녁에는 냉면 어떠니, 하고 물어보시곤 했다. 집을 떠나 새로이 가족을 꾸리고 매일같이 부엌에 서게 된 지금에야 왜 이맘때면 어머니가 밖에서 식사를 하자고 했던지 알게 되었지만, 당시 나는 이유야 모르겠고 그저 밖에서 밥을 먹는다는 것만으로도 좋아서 깡총거리며 그 뒤를 따랐다. 가느다랗지만 제법 탄성이 좋은 연회색 면에 오소소 살얼음이 낀 소고기 육수와 동치미 국물을 넣어 새콤달콤한 물냉면에는 누가 뭐랄 것도 없이 어른 주먹만한 찐만두가 곁들여졌다.

찻잎 그대로의 차

냉면처럼 차갑지는 않더라도 긴 낮 동안 내리쬐는 여름 볕을 잠시 잊게 해주는 차가 있다. 자르르 윤이 나는 은빛 솜털과 흠집 하나 없이 이파리 본연의 태를 고스란히 간직한 아름다운 모습의 백차는 예로부터 열을 내리고 염증을 진정시키는 데 이용되었다고 한다. 만드는 방법은 여섯 가지 차의 종류 중 가장 단순하여, 찻잎을 따서 천천히 말리기만 하면 끝이다. 백차를 만드는 것은 사람이 아니라 그날의 햇살과 바람이다.

최대한 사람의 손이 닿지 않게끔 공정을 간소화하고 차가 본래 지닌 품성이 자연스레 드러나기를 기다린다. 자연의 순리를 거스르지 않고 찻잎 그대로의 모습을 담고자 한 가장 순수한 형태의 차라고 볼 수 있겠다. 만일 옛 도가 사상가들이 백차를 알고 있었다면 그들이 꿈꾸던 무위자연無爲自然의 이상이 담긴 차라며 찬탄했을지도 모르겠다.

하지만 인위적인 과정이 절제된다는 것은 그만큼 기후나 날씨처럼 사람이 제어할 수 없는 요소가 늘어난다는 것을 의미한다. 찻잎이 눌려 조금이라도 흠이 생기면 안 되기 때문에 한꺼번에 듬뿍 딸 수도 없다. 펼쳐 널어두어야 하기에 자리도 많이 차지하고 비라도 내릴 성싶으면 재빨리 거두어야 한다.

평양냉면과 백호은침

한 번쯤은 찻집에서 메뉴판을 펼치지 않고, "이 가게에서 가장 비싼 것으로."라는 주문을 해보고픈 이들이 있을 것이다. 이 경우 서구의 티 하우스에서 아주 높은 확률로 만나게 되는 차가 실버 니들Silver Needle, 즉 백호은침이다. 채 퍼지지 않은 싹들이 보드라운 솜털 아래에서 단잠을 자고 있는 듯한, 이름처럼 은빛 바늘처럼 보이는 이 차는 세계 전역의 상인들이 찾아들던 19세기 말 중국 복건성의 해안가에 위치한 복정福鼎 지역에서 처음 만들어졌다.

어찌나 귀하게 여겨졌던지, 한때 유럽의 상류 사회에서는 귀한 손님을 맞이할 때 홍차에 백호은침을 조금 섞어 대접했다고 한다. 지금도 이때의 관습이 남아 유럽 차 회사들의 블렌디드 티에는 차 맛에 거의 영향을 미치지 못할 양의 백호은침 찻잎이 몇 가닥씩 드문드문 들어 있는 것을 보곤 한다.

매장에서 가장 비싸다 하니 얼마나 대단한 맛일까 싶지만 만약 지금까지 백호은침을 마셔본 적이 없다면 높은 확률로 실망할 것이다. 간혹 비리기까지 한 약간의 풋내와 맹물에서도 충분히 느낄 법한 단맛에서 어쩌면 주인이 찻잎을 깜빡하고 넣지 않은 것 아닐까 하는 생각이 들 수도 있다. 내가 평양냉면을 처음 만났을 때의 당혹스러움처럼 말이다.

나이 든 어르신들로 가득 찬 을지로의 평양냉면 전문점에 처음 들어섰을 때만 해도 나는 새콤달콤한 고향의 냉면을 그리고 있었기에, 살얼음 한 점 없이 말간 육수와 소박한 고명을 보자 가장 먼저 실망이 밀려왔다. 그렇지만 싱겁고 맹맹하던 첫술의 기억이 채 사라지기도 전에 정신이 들고 보니 나도 모르는 새 그릇을 뒤집어 마지막 국물 한 방울을 열성적으로 입에 털어 넣고 있었다.

맹숭한 첫인상과 시나브로 스며들어 이내 매혹된다는 점에서 평양냉면과 백호은침의 물성은 다소 닮은 점이 있다. 처음에는 아무 맛도 나지 않는다고들 한다. 하지만 신기한 것은 그 무미무취無味無臭에 끌려 한 모금 두 모금 더하다 보면 어느새 숨을 들이쉬고 내쉴 때마다 목련 봉오리인지 난인지 모를 맑은 꽃 향이 잔잔히 번져오는 것이다.

달큰한 꿀 내음 뒤로 설핏 숨어든 스파이스의 알싸한 자취조차 기이하다. 고개를 갸웃거리며 물을 마셔보지만 심지어 여기서도 차 맛이 나는 듯하다. 물에 아무것도 넣지 않았는데도 혀에 단맛이 엉겨 침을 삼킨다. 이 더운 여름날에 땀을 뻘뻘 흘리며 뜨거운 차를 마시는데도 어쩐지 머리 위에서 한 줄기 서늘한 바람이 부는 듯한 기분이 든다. 한낮의 열기가 채 식지 않은 깊은 밤 낡은 우물 바닥에 휘영청 뜬 달을 길어 한 모금 마신 듯 차고 달다. 아기의 말갛고 푸른 눈동자부터 노인의 지혜로운 눈빛까지 모두 담겨 있다.

이제 더위가 제자리를 찾아가면 옷깃만 스쳐도 짜증이 치미는 나날이 찾아든다. 주체할 수 없는 열기에 몸과 마음을 살라 먹기 전에 맑고 서늘한 백호은침 한 잔을 권한다. 길고 긴 하지의 낮을 함께하기에 충분히 오랫동안 거듭 우러나는 이 기묘한 차와 함께 이제 밤의 계절로 떠날 채비를 해야 한다.

또렷이 반짝이던 그 시절은 이제 없지만 나날이 가속이 붙어 쏜살같이 날아가는 현재의 시간 속에서도 여름은, 우리의 유년은 그 빛을 잃지 않고 해마다 이 계절이 돌아오면 추억의 이름으로 더욱 윤이 날 것이다. 셰익스피어가 노래했듯 여름은 그저 빌려온 것에 불과하고 때가 되면 점차 스러질 것이지만 그 찬연한 아름다움은 우리 안에서 영원하기에.

백호은침

무위자연을 품은 백차의 왕

건엽
빽빽한 은빛 털로 덮인 바늘 모양의 묵직한 싹

엽저
밝고 어두운 빛이 공존하는 얇은 올리브색. 충분히 우러난 후에도 잎이 모두 펴지지 않으며, 속을 벌려 보면 세 가닥의 작은 새순이 숨어 있다.

수색
정제수에 가깝게 투명한 살굿빛

테이스팅 노트. 있는 듯 없는 맛. 신선하고 은미한 맛. 사슴이 마시고 토끼가 다녀가는 깊은 산속 옹달샘. 우릴수록 점차 짙어지는 감미로운 단맛의 라이트 보디. 갓 지은 밥 혹은 껍질을 까서 갈아낸 신선한 메밀의 향기 같은 호향毫香.

페어링 팁. 가급적 차 그대로의 풍미를 즐긴다. 백설기 같은 슴슴한 떡이나, 버터가 들어가지 않은 비건 레시피로 만든 담백한 과자를 권한다. 하지에 가장 맛나다는 감자를 쪄서 곁들여도 잘 어울린다. 따뜻한 물에 살짝 불린 다음 하루 정도 냉침해도 좋지만 한 번 정도는 여름철에도 뜨겁게 즐겨보는 것을 권한다.

국가. 중국

퀄리티 시즌. 3월 말에서 4월의 맑은 봄

위치. 복건성 복정과 정화政和를 중심으로 건양建陽, 송계松溪 등

지리적 특징. 중국 복건성은 8할이 산, 나머지 2할이 바다로 이루어져 있다고 하는데, 백호은침의 고향인 복정은 앞에는 바다 그리고 뒤에는 태모산太姥山이라는 중국을 대표하는 명산이 자리 잡은 아름다운 곳이다. 연간 강수량은 1500~1700mm 사이며 평균 기온은 18℃이다. 자주 해무가 끼고 일교차가 커 차의 풍미가 빼어나다.

개요. 바늘처럼 길고 곧은 은빛 싹만으로 이루어진 가장 귀한 백차. 화려하지는 않지만 우아하고 은미한 매력으로 특유의 호향이 특징이다.

기원. 언제부터 백차를 만들게 되었는가에 대해서는 의견이 분분하지만, 찻잎을 햇볕에 말리는 가공 방식 자체는 기원전부터 존재했던 가장 원시적인 형태의 제다법이다.

제다 방식으로서 백차가 완성된 것은 18세기 말 가경제가 즉위하던 해의 일로, 중국 복건성 복정 지역에서 처음 만들어졌다고 여겨진다. 1857년에는 크고 두터운 싹을 지닌 복정대백 품종이 등장하여 본격적으로 백호은침을 만들기 시작하였고, 19세기 말 광서제 때 수출이 시작되며 20세기 초엽에 이르러 절정에 달하였다.

열한 번째

절기

小暑

소서

정산소종

正山小種

7월 7일 무렵

우리가 장마에 대처하는 법

어깨에 내려앉는 공기가 묵직하니 비릿한 물 내음이 섞이기 시작하고 먼 곳에 있는 산이 또렷한 색감으로 가까이 다가오면 살림살이들을 한번 점검해야 할 때가 왔다. 아무리 잘 말려도 퀴퀴한 냄새가 떠도는 빨래를 위해 실내 건조용 세제와 제습기를 챙기고 방심하기 쉬운 서랍과 옷장 구석도 놓치지 않고 습기 제거제를 앉힌다.

비가 잦아지기 전에 차 곳간도 살뜰히 살펴야 한다. 불과 얼마 전까지 우리를 흐뭇하게 하였던 햇차들은 잠시 밀봉하여 수납장 깊숙이 넣어둔다. 이 시기에는 산화도가 높은 차들이 좀 더 끌린다. 청향보다는 농향. 숯 위로 그을린 청차들도, 여러 해 묵어 단맛이 깊어진 보이차도 좋지만 장마철을 맞아 준비해야 할 가장 중요한 차는 랍상소우총, 즉 정산소종이다.

어지간한 유럽 티 브랜드라면 하나씩은 꼭 갖추고 있는 랍상소우총의 본래 이름은 정산소종이다. 만드는 이에 따라 정도는 상이하지만 한 번 만나면 절대 잊을 수 없는 이 차의 강렬한 아이덴티티는, 훈연한 소시지 혹은 배앓이 할 때 할머니가 꺼내주시곤 하던 정로환이 떠오르는 스모키한 송연 향松煙香이다.

홍차가 시작된 곳

하지만 랍상소우총, 정산소종이 이토록 널리 알려지게 된 것은 특유의 향기 때문만은 아니다. 홍차라고 하면 일반적으로 떠올리곤 하는 잉글리시 브렉퍼스트 블렌드와는 조금 다르지만, 정산소종은 17세기 중엽 청에 의해 명이 멸망하던 시기의 혼란 속에 태어난 세계 최초의 홍차다.

정산소종이 만들어지는 중국 복건성 무이산은 차를 산화시키는 제다 기술이 처음으로 등장한 산지로, 홍차뿐 아니라 청차의 고향이기도 하다. 초기에는 홍차와 청차의 구분이 명확하지 않았다. 무이산에서 만들어진 산화된 검은빛의 차들은 '보히Bohea'라는 이름으로 유럽 소비자들의 마음을 사로잡았고, 아마도 그중에는 정산소종의 선배 격인 차도 있었을 것이다.

상해에서 고속 열차를 타면 3시간 반 만에 도착할 수 있는 중국 복건성 무이산은 중국 10대 명산으로 꼽힐 만큼 몹시 인기 있는 관광지이다. 하지만 홍차가 태어난 곳, 중국 복건성 무이산시 성촌진星村鎮 동목촌桐木村은 관광특구로 정비된 시내 중심 지역의 흥청거림과는 거리가 멀다.

마을은 낮게 깔린 비구름과 안개에 싸여 마치 잠든 것처럼 보였다. 아직 오전이었지만 운무에 가려 해는 보이지 않았고 숲 사이로 자리 잡은 옛 목조 주택과 드문드문 보이는 차밭이 마치 종이 위로 금방 먹을 뿌린 듯 촉촉이 물들어 있었다. 차를 만드는 공장을 한 바퀴 돌고 점심을 먹고 나자 이내 비가 내렸다. 마치 구름 속을 걷는 것처럼 젖는다는 생각조차 들지 않을 정도로 가는 비였다. 차를 말리는 데 쓰일 소나무 장작들이 무심히 처마 밑에 쌓여 있는데도 아무도 신경 쓰지 않았다.

찻잎을 건조시키기에 좋은 환경이 아니다 보니 동목촌 사람들은 3층 구조의 목조 건물을 따로 지어 건조실로 이용한다. 1층에서는 불을 때고, 2층은 불길을 막고 연기를 다소 차단하는 완충지대 역할이다. 2층과 3층 사이는 대나무를 가로 세로로 덧대어 불기운이 통하도록 하였다. 얼금얼금한 돗자리를 그 위로 펼친 다음 찻잎을 고루 얹는다. 창문을 모두 닫고 5시간 꼬박 불을 때고 나면 반나절은 그대로 두어 식힌다. 이것이 정산소종을 만드는 전통적인 건조 방식이다.

반전이 있는 우아함

무이산과 동목촌 일대에서 널리 자라는 마미송馬尾松을 태운 연기가 그대로 입혀진 정산소종의 향기는 처음에는 다소 독하게 느껴질 수도 있다. 하지만 그마저도 한낮의 시가 내음처럼 은밀하고 고혹적이다. 산지에서 나는 연료를 사용해 향기가 스미게끔 한다는 점에서, 바다 내음이 밴 이탄泥炭을 태워 증류하는 스코틀랜드 아일라Islay 섬의 위스키가 떠오르기도 한다. 그래도 차향이라기에는 여전히 이질적이라 차마 찻잔에 손이 가지 않을 수도 있지만, 용기를 내어 한 모금 마셔보면 입안을 부드럽게 감싸는 온유한 단맛에 깜짝 놀라게 될 것이다.

위압적인 향기 때문에 맛도 무겁고 거칠 거라 지레짐작하기 쉽지만, 정산소종은 내가 아는 가장 기품 있고 고아한 홍차다. 다르질링의 우아함을 화려하고 세련된 품격을 지닌 서양의 군주에 비한다면, 정산소종은 하늘 아래 하나뿐인 권력을 지니되 인의로 백성을 다스리는 동양의 현군이다. 그런 이유에서인지, 서구의 티 브랜드에서 이름에 임페리얼이나 엠퍼러가 붙는 블렌디드 티들 중에는 랍상소우총이 블렌딩된 경우가 많다.

정산소종의 단맛은 종종 롱간龍眼의 말린 과육에 비유되곤 한다. 위낙 송연 향이 강렬하다 보니 정산소종의 맛을 표현하며 롱간에 관해 이야기를 하면 처음에는 쉬이 납득하기 힘들지만, 동목촌에서 전통 방식으로 생산되는 정산소종을 마셔보면, 찻잎 위로 덧입혀진 그을음 내음이 지난 자리에 말린 롱간의 향그럽고 이국적인 단맛이 차오르는 것을 금세 느낄 수 있다. 2000년대 이후에 등장한, 금준미金駿尾처럼 소나무를 태우지 않고 건조기를 사용하여 만든 무연 정산소종들을 마셔보면 좀 더 받아들이기 쉬울 것이다.

본격적인 더위가 강림하는 7월 초순의 소서 무렵에 우리나라는 장마가 한창이다. 오락가락하는 비구름에 에워싸여 하루 종일 해가 나지 않고, 숨이 막힐 듯한 습기와 무더위 가운데 왜인지 모를 스산함이 돈다. 어째서 이 시기에 짙은 송연 향의 정산소종이 그리워지는지 묻는다면 나는 먹물의 농담만으로 그려낸 산수화 같던 무이산 동목촌의 풍경을 떠올린다.

차향과 소나무 연기가 낮게 드리운 구름과 안개에 섞여들어 한 걸음 뗄 때마다 온몸에 무겁게 엉기고, 차밭 사이를 비집고 자리 잡은 마을을 한 바퀴 돌아보고 나면 눈치채지 못한 새 흠뻑 젖어 아궁이 앞으로 다가 앉아야 하는 홍차의 고향. 어쩌면 차는 그가 태어난 곳을 기억하고 있을지도 모른다. 그리고 마침내 비의 계절이 돌아오면 우리를 일깨우는 것이다. 물을 끓이고 정산소종을 우리며 자욱한 연무 너머 홍차가 시작된 곳으로 떠나 지나간 시간을 흠향할 때라고.

정산소종

세계 최초의 홍차

건엽
꼬임이 단단한 흑갈색의 찻잎

엽저
잎이 완전히 풀어지지 않은 보랏빛을 띤 밝은 갈색

수색
구릿빛이 도는 진득한 호박색

테이스팅 노트. 소나무를 불에 그슬린 강한 훈연 향, 스코틀랜드 아일라 지역 위스키의 피티Peaty한 향기 그리고 뒤를 잇는 부드럽고 감미로운 달콤함. 쓰고 떫은맛이 없는 미디움 보디. 말린 롱간과 아주 미세한 시트러스 뉘앙스.

페어링 팁. 가급적 스트레이트 티로. 진하게 우려 차갑게 식힌 정산소종에 라임 조각을 띄워 온더락으로 마시면 최고급 싱글 몰트 위스키가 부럽지 않다. 구운 연어, 생햄, 군만두 등 다소 무게감 있는 식사와도 잘 어울린다. 시트러스 과즙의 신맛에도 거슬리지 않고 잘 어우러져 타르트나 젤리 등과 곁들여도 좋다.

국가. 중국

퀄리티 시즌. 4월초부터 5월까지

위치. 복건성 무이산시 성촌진 동목촌

지리적 특징. 강서성과 복건성의 경계에 위치한 이곳은 1999년 유네스코 세계복합유산으로 지정되어 외부인의 출입이 철저히 통제되며, 일년에 단 한철 제한된 양만큼 채엽이 가능하다. 연평균 기온이 18℃ 가량으로 겨울에도 포근한 편이며, 연평균 강수량은 2000mm 정도로 언제나 안개나 여우비에 둘러싸여 있다.

개요. 가장 처음 홍차가 만들어진 산지로 많은 차 애호가들의 관심이 집중되는 곳. 소종 홍차 제조 과정 중에 생기는 특유의 송연 향으로 알려져 있다.

기원. 최초의 홍차인 정산소종이 등장한 것은 1630년 어귀로 짐작된다. 청나라 정부는 대만에 근거지를 두고 복건성 남부 해안을 약탈하던 명나라 유민들을 소탕하기 위해, 복건성 출신의 한족 장수인 요계성에게 반란군 토벌을 명했다. 이에 요계성은 우선 해안가에 거주하던 주민들을 무이산 등 내륙 지역으로 분산시켰는데, 당시 항구에서 산으로 이주한 주민들은 보히, 보헤아Bohea로 불리는 산화된 차가 서양 상인들에게 비싸게 판매된다는 것을 잘 알고 있었다.* 무이산으로 이주한 그들 중 일부는 요계성의 대만 토벌이 끝난 후에도 이곳에 남아 홍차를 만들었고, 항구로 돌아간 지인들을 통해 무이산 동목촌의 홍차를 홍보하였다. 이후 정산소종은 유럽 시장에서 널리 사랑받게 되었다.

---

* "녹차는 1파운드에 16실링, 보헤아는 1파운드에 30실링." 1705년 영국 에든버러의 신문에 실린 광고. <All About Tea>, William Ukers, 1935.

정산소종과
랍상소우총

lesson

정산소종의 영문명은 '랍상소우총Lapsang Souchong'이다. 하지만 차를 어느 정도 마셔본 이라면, 중국차 전문점에서 소개하는 정산소종과 유럽 티 브랜드의 랍상소우총이 같은 차라는 것을 도저히 믿기 힘들 것이다. 차 봉지를 열자마자 매케한 훈연 향의 기척이 몇 미터 밖에서도 느껴지는 강렬한 존재감을 지닌 랍상소우총의 잎은 적당히 잘려 있는 반면, 그보다는 훨씬 부드럽고 그윽한 송연향의 정산소종은 등급과 관계없이 좀 더 크고 온전한 형태의 찻잎을 유지하고 있다.

분명한 것은 랍상소우총도 정산소종도 처음에는 중국 복건성 무이산에서 만들어진 같은 차였다는 것이다. 정산소종의 '정산正山'은 차가 비롯된 곳, 즉 무이산을 의미한다. 한편 랍상소우총의 '랍상Lapsang'에 대한 의미와 어원에 대한 해석은 분분하지만, 다양한 소수 민족들이 섞여 살고 있는 복건성의 특징상 정산소종이 상인들의 봇짐에 실려 해안가로 옮겨 가는 중 그들의 방언으로 옮겨졌고, 이를 영어로 음차하는 과정에서 랍상으로 표기되었다는 설이 유력하다.

그렇다면 어째서 유럽에서는 그토록 강하게 훈배된 차가 유통되게 되었을까. 19세기 중반 영국이 인도를 비롯한 식민지에 대규모 티 플랜테이션을 조성하게 됨에 따라 대부분의 사람들은 중국 홍차보다 가격

대비 품질이 빼어난 인도나 스리랑카의 홍차를 주로 마시게 되었다. 하지만 취향이란 하루아침에 바뀔 수 있는 것이 아니어서, 이전부터 차 문화를 향유해온 상류층에게는 보히Bohea로 시작된 중국 무이산의 홍차가 여전히 좀 더 가깝게 여겨졌을 것이다.

그리고 아삼이나 실론 홍차에는 없는 정산소종의 신비로운 송연 향은 서민들이 쉽사리 접근하지 못하는 만큼 한정된 이들만이 향유할 수 있는 비밀스럽고 고급스러운 기호로 자리 잡지 않았을까. 정산소종, 랍상소우총을 찾는 고객들은 그들의 사회적 지위가 돋보일 수 있게끔 더욱 깊게 송연향이 스민 홍차를 원했고, 이는 복건성 무역상들의 요구로 이어져, 랍상소우총이라는 영문 라벨이 붙여질 정산소종은 특별히 강하게 훈배될 수밖에 없었을 것이다. 그리고 차츰 동목촌만으로는 감당할 수 없는 수요로 무이산이 아닌 복건성의 다른 지역에서도 비교적 저렴한 소종 홍차를 생산하게 되었다. 무이산, 즉 정산이 아닌 곳에서 생산되는 이러한 소종 홍차들은 외산소종外山小種으로 불린다.

금준미와 무연 정산소종

중국 복건성 무이산 동목촌의 긴 역사 중에 가장 괄목할 만한 사건 중 하나가 바로 '금준미金駿眉'의 등장이다. 정산소종의 24대 계승자이자 동목촌을 대표하는 티 브랜드 정산당正山堂을 이끄는 강원훈江元勛 선생은 양준덕梁駿德 선생을 비롯한 여러 전문가들과 함께 과거 전 세계의 차 애호가들을 사로잡은 최초의 홍차인 정산소종의 위상을 회복할 수 있는 특별한 차를 만들고자 하였다. 그의 노력은 2005년 '금빛의 아름다운 눈썹'이라는 뜻을 지닌 홍차 금준미로 완성되었고, 그 제다 방법이 점차 퍼져 현재 동목촌의 모든 차창들이 이와 흡사한 차를 만들 수 있게 되었다.

금준미는 곡우 전 무이산 국가급 자연보호구 해발 1500~1800m의 고산 지대에서 자라는 소엽종 야생 차나무의 어린 싹만을 모아 공부 홍차 제조 방식으로 만든 차다. 1근, 즉 500g의 차를 만드는 데 무려 6~8만 개의 새순이 필요하며 모든 과정을 기계를 사용하지 않고 숙련된 전문가의 손으로만 만들기에, 동목촌에서 생산되는 모든 차들 중에 가장 비싼 가격에 거래된다.

눈썹처럼 작고 가느다란 찻잎은 단단히 잘 말려 있으며, 흑칠황삼黑七黃三, 검은빛이 7, 그리고 황금빛 솜털로 덮힌 찻잎이 3의 비율로 섞여 있는 것이 특징이다. 달큰한 꿀 내음에 난꽃과 과일향이 섬세하게 더해진, 송연 향이 스미지 않은 찻잎 본연의 향기가 돋보인다.

그 이전에도 동목촌에서 훈배 과정을 거치지 않고 만든 차가 아예 없었던 것은 아니지만, 금준미의 등장으로 기존에 정산소종을 만들던 찻잎을 공부 홍차 방식으로 제다한 무연 정산소종無煙 正山小種이 크게 인기를 끌게 되었다. 송연 향을 어려워하던 이들의 커다란 호응 속에 무연 정산소종은 전통적인 방식으로 만든 소종 홍차의 자리를 대신하여 정산소종의 자리를 차지하게 되었고, 지금에 이르러 현지에서 유통되는 90%의 정산소종은 무연 정산소종이다. 전통 방식으로 소나무 장작을 써서 찻잎에 연기가 스며들게끔 만든 정산소종은 그 이름을 빼앗겨 이제는 연소종煙小種이라고 불린다.

2019년 무이산 동목촌의 생태 환경을 보호하기 위한 조례가 더욱 강화되어, 해당 지역 내의 소나무류 벌목은 물론 연료로 사용할 소나무를 반입하는 것까지 금지시켰다. 해당 법안이 홍차의 역사와 함께 시작되어 온 무이산 동목촌 소종 홍차의 명맥을 완전히 끊어 버리지야 않겠지만, 확실한 것은 문화유산 보전의 차원에서 이와 같은 전통 공예가 이어진다 해도 우리와 같은 일반 소비자들 손에는 거의 닿지 않을 신기루 같은 차로 남을지도 모른다는 것이다.

Cha 절기와 차

12

열두 번째

절기

大暑

대서

교쿠로

玉露

7월 23일 무렵

염소 뿔이 녹을 때

비의 계절이 끝나고 매미 소리가 뻐렁치면 이제부터 여름의 본막이다. 빛은 중력에 영향을 받지 않는다고 누가 이야기했나. 정수리며 어깨를 짓누르는 뙤약볕이 이렇게 무거울 줄 생각이라도 했을까. 장마 동안 누가 빛줄기에 한 올 한 올 촘촘히 가시라도 박았는지 잠시라도 그늘 밖으로 나오면 따갑기 그지없다. 하늘에 오류라도 난 듯 답답한 파란 바탕 위로 프랙털 곡선을 그리며 오르는 뭉게구름만이 약간의 위안일 뿐.

지구 온난화가 없던 시절에도 여름은 고단한 계절이었던 모양이다. 조선 후기 차 문화의 중심에 있던 실학자 정약용은 더위를 식히는 여덟 가지 일에 관해 〈소서팔사消暑八事〉라는 시로 읊었다. 술 한 동이 길어다가 소나무 단 위에서 활을 쏘고, 홰나무 그늘에서 그네를 타며 산들바람을 즐기는가 하면, 빈 누각에서 투호 놀이를 즐길 때는 웃음이 끊이지 않는다. 책을 읽다 지쳐 졸릴 때면 시원한 대자리를 펼쳐 바둑을 두고, 이제 막 피어난 연꽃을 보며 하늘이 잠시라도 무더위를 잊으라고 이토록 아름다운 이를 보내주었구나 감탄한다. 매미를 두고 오랜 시간 땅속에 갇힌 괴로움에서 벗어난 신선에 빗대며 울음소리에 귀 기울이고, 비 오는 날에는 시를 읊으며, 잠 못 이루는 밤에는 하얗게 흩어지는 달빛을 맞으며 탁족을 즐긴다.

더위를 장애물로 여기는 것이 아니라 이 계절이라 만끽할 수 있는 풍류를 하나씩 헤아리며 염천炎天의 여름은 소일하기 좋다고 말하는 옛 선비들의 호쾌함이란. 하지만 현대 문명이 선사한 차가운 차 한 잔의 즐거움을 그들은 몰랐으리라. 찻잎을 아낌없이 넣어 진하게 우려진 차가 얼음을 차근히 사르며 잘강 청아한 소리로 귀를 간지럽히는 것도.

그늘 아래 옥빛 이슬

차가운 것이라면 무엇이든 마다할 리 없지만 이 무렵에는 진한 녹차의 푸른 맛에 마음이 끌린다. 맑고 산뜻한 우리나라 녹차도 좋지만 좀 더 농밀한 단맛이 그리울 때는 증기를 쐬어 만드는 일본 녹차를 고른다. 덖어서 만든 것이 아니라 낱잎의 아름다움을 즐기기에는 다소 아쉬워도 녹음綠陰의 맛이 여기에 있다. 그중에서도 가장 으뜸가는 차는 단연 교쿠로玉露이다. '옥처럼 맑고 영롱한 이슬'이라는 이름을 지닌 이 차가 처음 등장한 것은 에도 시대(1603~1867)가 끝나기 직전으로 비교적 최근의 일이다.

본래 일본의 차 문화를 주도한 것은 찻잎을 맷돌로 갈아 가루 낸 형태인 말차였다. 다회에 사용할 빼어난 말차를 만들기 위해 농가에서는 차나무에 새순이 올라오는 시기가 다가오면 차광막을 씌워 스무 날을 꼬박 기다린다. 이렇게 햇볕을 제대로 쐬지 못한 찻잎은 광합성을 위해 엽록소를 늘려야 하므로 더욱 짙은 초록빛을 띠며 잎의 조직이 비교적 얇고 연하다. 또한 차의 떫은맛을 내는 성분인 카테킨Catechin 대신 아미노산의 일종인 테아닌Theanine이 풍부해져 깊고 부드러운 감칠맛이 극대화된다. 일본 녹차 하면 흔히 떠오르는 해조류의 비릿한 내음도 차광 재배의 산물이다.

18세기를 전후로 농업 기술이 발달하며 차의 생산량이 늘어나고, 거품을 낸 차가 아닌 우려서 마시는 포다법이 도입되며 센차煎茶가 인기를 끌자 말차용으로 차광 재배한 찻잎을 센차로 만들게 되었는데, 이것이 바로 교쿠로이다. 말차에서 차광 재배로 그리고 센차에서 교쿠로까지, 일본이 몇 백 년에 걸쳐 쌓아 올린 제다 기술의 정점을 이룬 차라 할 수 있겠다.

교쿠로를 처음 만든 곳은 센차와 마찬가지로 교토 남동쪽에 위치한 유서 깊은 차 산지인 우지宇治지만, 근래 들어 가장 주목받고 있는 교쿠로 산지는 일본 열도를 구성하는 네 섬 중 가장 남쪽에 위치한 규슈 지역의 야메八女다. 비록 다른 산지에 비해 규모는 크지 않지만 이 마을을 대표하는 차 회사인 호시노세이차엔星野製茶園은 일본농무성에서 주최하는 전국 차 품평회의 교쿠로 부문에서 매년 농림수산대신상을 휩쓸고 있다.

녹음과 바다의 맛

교쿠로를 우릴 때는 다소 느긋한 마음이 필요하다. 일단 물을 끓이되 60℃ 이하로 충분히 식혀야 하기 때문이다. 유리 숙우를 손으로 잡을 수 있을 만큼 충분히 물이 식으면 찻잎을 크게 한 스푼 넉넉히 넣는다. 물은 많지 않아도 좋다. 때로는 겨우 찻잎이 잠길 정도만 넣기도 한다. 다른 차라면 쓰고 떫어서 혀가 오그라들 것 같은 진득한 농도로 우린 차를, 입안에서 이슬로 만든 옥구슬을 굴리듯 한 방울 한 방울 찬찬히 음미하는 것이 이 차를 즐기는 묘미다.

만약 처음 교쿠로를 만나는 사람이라면 몹시 당황스러울 수도 있겠다. 짭조름하게 감겨오는 묵직한 감칠맛이 차라기보다는 차라리 육수에 가깝다. 말린 식재료를 뜨거운 물에 우려낸다는 의미에서 제법 비슷하지만, 어쨌든 쉽사리 손이 가는 모양새는 아니다. 방치된 연못의 녹조처럼 바닥이 보이지 않는 진록빛 수색이 의뭉스럽기까지 하다.

하지만 그 안에는 쩌렁쩌렁 울리는 매미 소리에 귀가 멀 것 같은 한여름의 숲이, 초록을 덧바르다 실수로 물감을 엎은 듯 새카만 수해樹海의 미로가 있다. 태초의 생명을 품은 저 원시 바다의 차고 짭조름한 비밀스러운 맛이면서 귀가 녹을 듯 달콤하고 농밀한 바다 너머 인어가 부르는 노래이다. 교쿠로는 우리가 지금까지 알고 있던 차에 대한 이미지를 부수고 찻잎으로 만들 수 있는 맛의 한계를 시험하는 차다. 한번 맛을 본 이상 이제 돌이킬 수 없다.

때로는 차가운 교쿠로를 홀짝이며 그가 자란 마을을 떠올린다. 물이 채워져 거울처럼 빛나는 산비탈 논을 노을이 불태우고 나면 검푸른 하늘에 별빛이 해변의 포말마냥 희게 부서지고, 어스름이 집어삼킨 계곡의 허리춤 사이로 반딧불이 총총히 빛나는 야메 호시노무라의 여름 밤. 식지 않는 열기로 잠 못 이루는 열대야의 나날이 돌아오면 그곳에서 보낸 하루를 밤의 밑바닥을 유영하듯 조심스레 더듬어 본다. 그리고 수박 위에 살짝 얹힌 소금 조각처럼 이 계절을 더욱 달콤하게 만들어줄 소소한 즐거움에 대해 생각한다. 어쩌면 더위조차도 조금은 사랑스러워질지도 모를 일이다.

교쿠로(玉露)

기묘하고도 익숙한 감칠맛

건엽
솔잎처럼 가늘고 단단하게 말린 윤기 나는 암록빛 찻잎

엽저
선명한 초록의 이파리가 진득이 엉긴 형태

수색
살짝 노란빛이 도는 뿌옇고 짙은 풀빛

테이스팅 노트. 구운 김과 파래 그리고 삶은 양배추. 달고 짭조름하게 혀를 감싸는 감칠맛이 지난 자리로 흰 꽃 내음이 파도처럼 밀려든다. 미디움 보디.

페어링 팁. 섬세한 향기에 비해 짙은 풍미로 달콤한 화과자부터 주먹밥까지 두루 잘 어울린다. 완두콩, 옥수수 등 여름 과일이나 채소와의 궁합도 좋고 광어나 민어 등의 흰살생선 요리를 특히 추천한다.

국가. 일본

퀄리티 시즌. 5월 말에서 6월

위치. 후쿠오카현 야메시 호시노무라

지리적 특징. 후쿠오카현 인근에 위치한 규슈 최대 규모의 츠쿠시 평야筑紫平野 남쪽에 지쿠고강과 야베강을 끼고 사이에 자리 잡은 야메 지역은 토질이 비옥하여 다른 지역에 비해 달고 감칠맛이 빼어난 차로 유명한 산지이다. 그 중 차밭의 규모가 가장 큰 호시노무라는 1946년에 문을 연 호시노세이차엔星野製茶園을 중심으로 차를 만들어오고 있다.

개요. 3주간 차광막을 씌워 키운 찻잎으로 만들어 감칠맛을 극도로 끌어올린 고급 일본 녹차의 대표. 중국이나 우리나라의 초청 녹차와는 달리 증기로 쪄서 살청하는(찻잎을 가열하는) 증청 녹차蒸青綠茶.

기원. 1835년 에도의 오래된 차 가게인 야마모토야마山本山의 6대 당주 야마모토 도쿠오山本德翁는 당시 공급에 비해 수요가 웃돌던 차광 재배한 말차용 찻잎을 센차 제법으로 만들어낸 새로운 차를 제안한다. 그렇게 만들어진 신제품 교쿠로는 처음에는 이름처럼 찻잎이 둥근 형태로 말려 있었으나, 교토 우지에서 현재까지 운영되고 있는 츠지리辻利의 창업주 츠지리 사에몬辻利右衛門이 1868년 지금의 뾰족한 바늘 모양으로 유념한 교쿠로를 완성시켰다.

교쿠로
우리는 법

recipe

1. 시즈쿠차しずく茶

교쿠로를 좀 더 밀도 있게 즐기기 위한 새로운 방편으로 야메 호시노무라에서 센차도煎茶道의 스스리차すすり茶를 바탕으로 개발한 음용법이다.

1. 첫잔
개완에 교쿠로 4g을 넣고 45℃ 정도의
식힌 물을 조심스럽게 따른다.
뚜껑을 덮고 2분 기다린다.
개완배와 뚜껑 사이로 떨어진
차 한 방울을 입에 머금는다.
혀 위로 굴려 찬찬히 음미한다.

2. 둘째 잔
60℃ 전후의 물 20ml를 붓고 1분.

3. 셋째 잔
60℃ 전후의 물 20ml를 붓고 1분 30초.
만약 과자를 곁들였다면 이때 먹도록 한다.

4. 넷째 잔

80℃ 가량의 물을 개완에 넉넉히 붓고
30초 정도 기다린 다음 청량하고
쌉싸름한 차의 맛을 즐긴다.

5. 마지막

우리고 남은 찻잎에 초간장을 더하여
나물처럼 먹는다.

2. 얼음 냉침氷出し茶

얼음이 녹으며 차가 천천히 우러나게끔 하여 차의 감칠맛을 끌어올리고 투명한 단맛을 즐긴다. 얼음이 녹는 모습에 눈이 시원해지는 한여름의 풍류.

1. 유리 티포트에 찻잎을 먼저 넣고 얼음을 그 위에 얹는다. 분량은 찻잎 1g당 얼음 10g 비율로, 찻잎을 5g 이상 넉넉히 넣어야 충분히 우러난다.

2. 햇볕이 잘 드는 곳에 티포트를 두고 얼음이 녹기까지 15~30분 정도 기다린다. 얼음이 녹은 찻물이 고일 때마다 한 모금씩 따라 맛본다.

3. 얼음이 전부 녹을 때까지 천천히 즐길
수 있으며, 중간중간 얼음을 더해도
무방하다.

* 먼저 따뜻하게 한 잔 우리고, 남은 찻잎에 얼음을 올려 먼저 우린 차를 마시는 동안
천천히 우러나게끔 해도 좋다.
** 이 방법은 교쿠로 외의 다른 차에도 적용할 수 있으나, 증청 녹차 외의 다른 차를
우릴 때는 먼저 뜨거운 물에 찻잎을 가볍게 적셔 뜸을 들인 후 얼음을 넣는다.

가을

더위가 물러서기 전에 하늘이 먼저 멀어져 가며 태풍을 걱정하는 사이 선물처럼 무스카텔 다르질링이 도착한다. 이제부터는 홍차의 시간이다. 가을 햇살이 게으르게 드러누운 티 테이블은 눈으로 훑은 것만으로도 흐뭇하고 비 예보가 들려오면 무심히 무이암차를 꺼낸다. 우아하고 그윽한 차의 시간.

Cha ^{절기와}^차

13

열세 번째

절기

立秋

입추

다르질링
세컨드 플러시

Darjiling 2nd Flush

8월 7일 무렵

휴가철의 한가운데

이 무렵이면 눈이 닿는 모든 곳이 다소 느슨해진 듯한 기분이 든다. 0.8배속으로 보는 일일 드라마 같다고 할지. 놀이터를 재재 울리는 아이들 소리도 잦아들고 길고양이들마저 그늘로 숨어든 거리에는 맹렬히 타오르는 태양만이 남아 강한 콘트라스트로 모든 존재를 지운다. 휴가철을 맞은 도시의 한낮은 에드워드 호퍼의 그림처럼 담담하고 의연하다.

대체로 차의 판매량은 가을이 가까워질수록 더욱 치솟는다. 땀을 닦아내며 홀짝이는 아이스티도 충분히 매력적이지만 아무래도 차는 따뜻하게 마시는 쪽이 향을 온전히 느끼기 쉬운 법이다. 그렇기 때문에 이 무렵은 다시 돌아오는 차의 계절을 맞아 가지고 있는 차들의 재고를 살피고 어떤 차부터 소비자들에게 소개해야 할지 미리 점검해야 하는 분주한 시기이다.

꽃 피는 세컨드 플러시

한 해의 첫 차를 중요히 여기는 우리나라에서는 으레 퍼스트 플러시가 가장 빼어날 것이라 생각하는 이들이 많지만, 다르질링 홍차의 정체성이 가장 뚜렷하게 드러나는 제철 중의 제철은 여름의 세컨드 플러시 시즌이다. 퍼스트 플러시 수확이 끝나고 5월에 접어들면 다르질링은 열흘에서 보름가량의 짧은 휴식에 들어간다. 그런 다음 다시 채엽이 시작되고 우기가 찾아오기 전까지가 세컨드 플러시의 계절이다.

그렇다면 대체 언제부터가 세컨드 플러시일까. 언젠가 나는 다르질링의 차나무들과 함께 살아가는 다원 운영자들에게 이러한 질문을 던진 적이 있다. 기온이나 습도, 차나무의 생육 상태에 관한 이야기를 들을 거라 지레짐작했지만 돌아온 대답은 내가 한 번도 생각하지 못했던 것이었다. 그들의 대답은 몹시 간단했다. 꽃이 피면.

5월이 무르익어 가면 다르질링 골짜기 여기저기 눈 닿는 모든 곳에 약속이라도 한 듯 짙은 분홍빛 꽃이 피어난다. 새로운 퀄리티 시즌의 시작을 알린다는 뜻에서 다르질링 사람들이 세컨드 플러시 플라워라고 부르는, 이 꽃의 진짜 이름은 크로커스Crocus다. 크로커스는 서양에서는 수선화와 함께 봄을 알리는 꽃으로 널리 알려져 있다.

세컨드 플러시 플라워의 정체를 알고 나서야 나는 어째서 다르질링의 가장 빼어난 퀄리티 시즌이 퍼스트 플러시가 아니라 세컨드 플러시인지 비로소 납득할 수 있었다. 보통 3월에서 4월 사이 봄과 함께 피어나는 크로커스가 해발 2000m에 달하는 히말라야 고산 지대인 다르질링에서는 겨우 5월에야 꽃을 피운다는 것은, 다르질링의 진정한 봄이 언제인지 미루어 짐작하게끔 한다. 봄을 알려주는 것은 달력의 숫자가 아니라 꽃들이기에.

무스카텔이 익어갈 때
꽃이 피고 안개 틈을 비집고 쏟아지는 한낮의 햇살이 나날이 영글어 가면 커진 일교차만큼 찻잎은 더디게 자라나지만 그럴수록 세컨드 플러시 다르질링은 색색의 얇은 유리 조각을 덧댄 듯 깊고 다채로워진다. 새벽이슬을 머금은 코랄빛 장미 혹은 담벼락에 드리워진 해당화이고 설탕을 뿌려 구운 천도복숭아면서 리치의 서늘하고 달콤한 과즙이다. 호두 속껍질의 쌉싸름하고 고소한 풍미가 신선한 솔이끼와 천연 가죽의 오묘한 내음과 얽히며 태피스트리처럼 길고 복잡한 무늬를 남긴다. 만개한 꽃이자 과일이고 숲이며 흙인 그는 계절이 노래하는 한 편의 시다. 이러한 다르질링 홍차 특유의 풍미를 무스카텔 플레이버라고 한다.

아직 가시지 않은 불볕더위 속에 이제 막 도착한 햇 다르질링 세컨드 플러시는 견과류와 크렘 브릴레의 달고 고소한 내음이 웃돈다. 하늘이 차츰 높아가고 밤바람을 타고 넘어오는 풀벌레 소리가 반가워지면 차는 짙은 장미와 꿀에 절인 복숭아에 좀 더 가까워질 것이다. 팔월이 저물고 떠났던 사람들이 다시 일상으로 돌아올 무렵 나른한 햇살 뒤로 드리워진 그림자는 더욱 길어지고, 소슬한 바람과 함께 더욱 그윽해질 무스카텔 플레이버를 고대한다.

여행을 계획하는 것부터가 여정의 시작이듯 차를 사랑하는 이들에게는 다가올 계절에 앞서 찻장을 든든히 채워두는 때부터가 가을이다. 여전히 두터운 비구름 속에 둘러싸여 있을 히말라야 산자락의 다르질링 마을에 늦은 감사 인사를 보내며, 이 얼마나 호사로운 계절의 시작인지!

다르질링 세컨드 플러시

홍차의 샴페인

다르질링 세컨드 플러시 캐슬턴 다원 더 무스카텔
Darjiling 2nd Flush Castleton Tea Estate The Muscatel

건엽
실버 팁이 말려 들어간 단단히 꼬인 검고 붉은 이파리

엽저
밝고 균일한 톤의 구릿빛

수색
금빛이 도는 홍갈색. 초가을의 노을빛

테이스팅 노트. 장미 젤리와 천도복숭아, 구운 호두와 꿀 그리고 스킨 콘택트skin contact 한 뮈스카Muscat 와인. 부드럽게 혀를 자극하는 경쾌한 떫은맛. 미디움 보디. 우아하게 피어오른 무스카텔 플레이버.

페어링 팁. 타임을 곁들인 자두나 복숭아 타르트, 라즈베리 로즈 사블레, 섬머 푸딩 등 여름 과일이 들어간 디저트와 잘 어울린다. 오븐에서 구운 닭이나 칠면조, 오리 등에 살구 소스를 곁들여 페어링해도 좋다.

국가. 인도

퀄리티 시즌. 5월 중순부터 6월, 우기가 시작되기 직전까지.

위치. 웨스트벵갈주 다르질링 커시옹Kurseong

지리적 특징. 캐슬턴은 웨스트벵갈주의 주요 도시인 실리구리에서 차로 한 시간 정도 떨어진 커시옹 사우스 밸리Kurseong South Valley 지역에 위치한 다원이다. 커시옹과 판카바리 지역에 걸친 가파른 비탈에 자리 잡고 있으며 해발 고도는 980m에서 2300m에 이른다.

개요. 다르질링에서 가장 널리 알려진 명가 캐슬턴에서 만든, 지역 군체종이 지닌 매력을 최고로 끌어올린 무스카텔 다르질링의 정석이자 마시는 헤리티지.

기원. 캐슬턴 다원은 1885년 찰스 그레이엄 박사에 의해 세워졌다. 본래 이곳의 이름은 캄세리Kumseri였으나 인근에 '방크가Bank Ghar'라는 성채가 있는 것에 착안하여 현재의 이름인 캐슬턴Castleton이 되었다. 마가렛스호프, 타르보, 바담탄, 바네스버그 다원과 함께 현재 인도를 대표하는 대기업인 카멜리아 그룹 산하의 구드릭Goodricke 그룹이 소유하고 있다.

무스카텔
플레이버

다르질링 홍차에 관해 이야기하자면 무스카텔 플레이버Muscatel Flavour를 빼놓을 수 없다. 먼저 오해부터 풀어야겠다. 무스카텔 플레이버는 머스캣 포도향이 아니다. 청포도는 더더욱 아니다. 하지만 그보다 더 중요한 사실은 무스카텔이 포도가 아니라 술이라는 점이다.

무스카텔은 넓게 보면 머스캣 포도로 만든 와인을 뜻한다. 하지만 영미권에서 흔히 무스카텔 와인이라고 하면 포트나 마데이라, 셰리와 같은 주정강화 와인Fortified Wine을 의미한다. 무스카텔은 머스캣 품종의 포도로 와인을 만드는 과정 중에 브랜디 원액 등의 알코올을 추가로 넣어 발효를 멈추고 도수를 높인 후 당분을 보강한 스위트 와인이다.

아로마와 부케

기실 와인과 포도의 향기는 같지 않다. 이를 이해하기 위해서는 아로마Aroma와 부케Bouquet에 관해 좀 더 들여다볼 필요가 있다. 단순하게 설명하면 와인 재료가 되는 포도가 지닌 고유의 향기를 아로마라고 하고, 부케는 포도가 와인으로 숙성되는 과정 중에 생겨나는 향기들을 의미한다.

다르질링 퍼스트 플러시의 제다 과정은 긴 위조(시들리기)와 가벼운 유념(비비기), 짧은 산화 과정으로 차나무 생엽이 지닌 고유의 청신한 아로마에 좀 더 초점이 맞추어져 있는 반면, 세컨드 플러시나 오텀널에서는 찻잎이 산화하며 발달하는 복합적인 부케가 중요하다. 와인의 발효와 홍차의 산화는 제법 다른 범주의 이야기지만 숙성 과정 중에 복잡한 부케가 나타난다는 공통점을 지니고 있기에 이러한 맥락에서 와인과 홍차 향미의 유사성에 관해 주목한 누군가가 다르질링 홍차가 무스카텔 와인의 풍미를 지니고 있다고 말하는 것은 부케에 관한 이야기이지, 와인의 재료가 되는 포도의 아로마를 뜻하는 것이 아니다. 설령 다르질링에서 청포도 아로마를 느꼈다 하더라도 그것은 무스카텔 플레이버와는 별개의 향일 것이다.

품종과 산화도

다르질링의 무스카텔 플레이버에는 몇 가지 요건이 있다. 첫 번째는 중국 소엽종에서 유래하여 유성 생식을 통해 지역 군체종으로 자리 잡은 재래종 차나무China Bushes이거나 이를 바탕으로 한 교배종China Hybrid이어야 한다는 점이다. 무스카텔 플레이버는 다르질링 고유의 지역 군체종들이 지닌 일종의 품종 향이다. 예컨대 크고 뚜렷한 실버 팁을 지니고 있으며 생산성에서도 빼어나 큰 인기를 얻고 있는 AV2나 P312처럼 우량 품종을 꺾꽂이하여 번식시킨 개량종Cultivar에서는 무스카텔의 흔적을 느낄 수 없다.

산화도 또한 중요하다. 세컨드 플러시 시즌에 이르러 찻잎 속의 폴리페놀 성분이 산화시키기에 충분한 양에 도달하여야 한다. 일정 이상 산화가 진행되어 부케가 발달해야만 무스카텔 플레이버라 할 수 있기에 전반적으로 산화도가 낮은 퍼스트 플러시 다르질링은 설령 재래종 차나무로 만들었다 하여도 무스카텔 뉘앙스 정도로만 이야기할 뿐 무스카텔 플레이버라고 하지는 않는다.

벌레들의 암약

세컨드 플러시 시즌이 중요한 이유가 하나 더 있다. 한낮의 기온이 올라가고 무덥지만 비가 내리지 않는 날씨가 이어지면서 차나무의 싹과 어린 찻잎의 즙을 빨아먹는 작은 벌레들이 대량으로 증식한다. 벌레가 먹은 찻잎은 제대로 자라지 못하지만 꿀처럼 농밀한 향기를 품게 된다. 어디서 많이 들어본 이야기다. 동방미인으로 널리 알려진 대만의 백호오룡을 만드는 데 가장 중요한 역할을 하는 소록엽선, 초록애매미충의 아종은 무려 300여 가지에 달한다. 이들은 대만뿐 아니라 인도와 우리나라를 포함하는 아시아 전역에서 발견되며 다르질링의 무스카텔 플레이버의 형성에도 중요한 영향을 미친다.

일단 세컨드 플러시 시즌이 시작되면 큼직한 실버 팁이 눈에 띄는 클로널 다르질링들이 먼저 출하된다. 멜론이나 열대 과일이 연상되는 화려한 향기와 달콤한 풍미를 지니고 있지만 그 안에 무스카텔 플레이버는 없다. 진정한 무스카텔 다르질링을 만나기 위해서는 초록애매미충과 진딧물 등이 활발해지는 6월 10일 무렵까지 현지의 날씨를 시시각각 확인하며 참을성 있게 기다려야 한다. 우기가 끝나기 전까지 수확하기에 시즌이 끝나기 전까지 마음을 놓을 수가 없다.

소록엽선이 세컨드 플러시의 무스카텔 다르질링에 영향을 미친다고 하여 백호오룡의 밀향이 곧 무스카텔 플레이버라고 생각하는 사람이 있을지도 모르겠다. 하지만 백호오룡이 지닌 맛과 향기가 소록엽선이 전부는 아니듯 다르질링의 무스카텔 플레이버에서도 벌레의 역할은 여러 조건의 일부일 뿐이다. 원인의 일부를 공유하기에 두 차의 달콤한 향기는 어느 정도 비슷한 부분이 있기는 하다. 하지만 이를 쉽게 같은 것으로 치환해버리는 것은 확증편향의 오류라 볼 수 있다.

무스카텔 플레이버?

사실 무스카텔 플레이버는 그리 어렵지 않다. 다르질링에서 젖은 낙엽향과 약간의 과일 내음 그리고 쓸쓸한 맛을 느껴본 적이 있는가. 그것이 무스카텔 플레이버다. 값비싼 싱글 에스테이트 다르질링에서만 만날 수 있는 어떤 특별한 것이 아니라 대중적인 티 브랜드에서 흔히 만날 수 있는 다르질링의 맛, 무어라 설명하기는 힘들지만 단번에 다르질링이구나, 느낄 수 있는 그 맛과 향기가 바로 무스카텔 플레이버다. 특정 아로마가 아니라 산화 과정 중에 발달하는 부케이기 때문에 그저 마시고 경험해 보라는 것 외에는 구체적인 단어로 설명하기 힘든 것뿐이다. 차에 대한 탐구심이 넘쳐 고가의 클로널 다르질링을 구하여 어떻게든 무스카텔 플레이버를 찾아보고자 하는 열정이 되려 헛다리를 짚게끔 만든다. 마테를링크의 희곡 〈파랑새〉에서 그랬듯 언제나 진실은, 행복은 머지않은 곳에 있기 마련이다.

그래도 설명을 돕기 위해 조금 더 자세히 풀어보자면, 우려지기 전 마른 잎에서 나는 향은 설탕을 태워 만든 캐러멜 시럽과 시더Cedar의 서늘한 내음 약간. 우려진 후에는 리치나 복숭아 등을 가볍게 졸인 과일

콤포트의 새콤달콤한 풍미 위에 더해진 화려한 꽃 혹은 만개한 장미이며, 금방 깐 호두의 향기를 포함한 각종 견과류 위에 뒤섞인 달콤한 꿀 그리고 숲속의 이끼를 떠올리게 하는 스파이시한 담배 내음이 잇따른다. 입안에서 데구르르 경쾌히 혀를 자극하였다가 이내 짙은 꽃내음으로 바뀌어 온몸에 퍼지는 탄닌Tannin의 감촉도 무스카텔 플레이버의 일부이다. 종류도 다양해서, 꽃 향에 가깝거나Flowery 과일이거나Fruity 흙이나 나무껍질 내음Earthy에 가까운 다양한 무스카텔 플레이버가 있다. 그러니 이제 다르질링에서 청포도 향이 느껴지지 않는다고 좌절하지 말고 있는 그대로 느끼고 맛보고 즐기시길.

Cha 14

열네 번째

절기

處暑

처서

잭살

8월 23일 무렵

더위가 떠난 자리

거짓말처럼 공기가 가벼워졌다. 아무리 기세 등등한 무더위도 처서 무렵이면 어쩐지 풀이 죽는다. 여전히 덥지 않은 것은 아니지만 해 질 녘 공기의 내음부터 다르다. 처서는 더위가 한풀 꺾이어 사그라들기 시작하는 절기다. 모기도 처서가 지나면 입이 비뚤어지고 땅에서는 귀뚜라미 등을, 하늘에서는 새털구름을 타고 가을이 온다고 한다.

많은 이들에게 그렇듯 그는 썩 달갑지 않은 계절이었다. 땀이 많았던 나는 사춘기 이래로 여름이 돌아오면 비뚜름히 날이 섰다. 더위뿐 아니라 살아 있는 모든 것들이 지나치게 빠르게 내달려 예정된 결말로 치닫는 것이 두려웠다. 그러던 언젠가 유난히 길고 지난한 폭염이 떠나갈 무렵 나는 생각보다 여름을 싫어하지 않는다는 것을 깨닫게 되었다.

말복 너머 계절이 저물어갈 즈음엔 남은 하루하루가 너무나 달콤하여 더욱 애달팠다. 즙이 풍부한 과일이며 야채의 싱그러움이야 말할 것도 없고 꽃 시장에서 수국을 기꺼이 넘볼 수 있는 것도 이때뿐. 별이 뜬 창 너머로 불어오는 바람이 레몬처럼 새콤하고 떠나가는 계절의 빈자리처럼 시리다. 떠날 때 즈음에서야 내가 그를 얼마나 사랑했던가 비로소 깨닫는다.

여름이 그랬듯 때로는 지나고 나야 보이는 것들이 있다. 내게는 잭살이 그런 차였다. 찻잎의 싹이 참새의 혀처럼 작고 가는 모양을 하고 있어 붙여진 작설雀舌이라는 이름은 경상도 방언 특유의 모음 역행동화로 인해 잭살로 불린다. 하동 지역의 발효차이자 홍차의 일종인 잭살은 내가 알고 있던 홍차의 모습과는 사뭇 달랐고, 그래서 오랫동안 친해지기 힘든 차였다.

> 초엽 따서 상전 주고 / 중엽 따서 부모 주소 /
> 말엽 따서 남편 주고 / 늙은 잎은 차약 지어 /
> 봉지 봉지 담아 두고 / 우리 아이 배 아플 때 /
> 차약 먹고 병 고치고 / 무럭무럭 자라나소

> 잘못 먹어 보챈 애기 / 작설 먹여 잠을 재고 /
> 큰 아기가 몸살 나면 / 작설 먹여 놀게 하고 /
> 엄살 많은 시애비는 / 작설 올려 효도하고 /
> 시샘 많은 시어머니 / 꿀을 드려 달래놓고 /
> 혼자 사는 청산이는 / 밤늦도록 작설 먹고 /
> 근심 없이 잠을 잔다 / 바람 바람 봄바람아 /
> 작설 낳게 불지 마라 / 이슬 먹은 작설 낳게

이 지역에 구전되는 민요를 살펴보면 잭살이 어떤 차였는지를 알 수 있다. 청명과 곡우 사이에 따는 봄의 첫 싹인 우전과 뒤이어 수확하는 세작을 관아에 공물로 바치고 난 다음 하동의 옛 차농들은 늦은 오월 나날이 무르익어 가는 초여름 볕을 받아 몰라보게 자란 쇤 찻잎으로 오롯이 그들을 위한 차를 만들었다. 이름은 차싹의 모양인 작설에서 비롯되었지만 실제로 잭살을 만들던 찻잎은 어린 새순은 아니었던 모양이다.

　　다 자란 찻잎은 녹차를 만들기에는 썩 좋지 않지만 카테킨을 비롯한 폴리페놀 성분이 풍부하여 홍차를 만들기에는 적합하다. 또한 이렇게 만들어진 차는 오랫동안 보관하여도 쉬이 품질이 떨어지지 않는다. 노래에서 살펴볼 수 있듯 잭살은 '차약茶藥'으로 불리며 이 일대 민가에서 없어서는 안 될 가정상비약으로 그리고 일상의 피로를 풀어주는 기호음료로 오랫동안 사랑받아왔다.

　　주로 화로에 주전자를 얹어 끓여 마셨으며, 집집마다 전해오는 고유의 레시피로 똘배나 모과, 인동덩굴과 유자 때로는 생강과 대추 등을 찻잎에 더하여 만드는 블렌디드 티이기도 했다. 꿀이나 설탕을 넣어 달콤하게 즐겼으며 배탈이나 감기 등 약으로 쓰일 때는 평소보다 진하게 끓여 마셨다고 한다. 소염 및 진정 기능과 항산화 작용 등 차가 지닌 여러 효능을 생각하면 당시에는 제법 괜찮은 약이었을 것이다.

잭살은 홍차인가
　　연보라빛 오동꽃이 피고 뒤뜰에 앵두가 발그스레 물들어가면 잭살을 만들 때다. 장마 지나 백로까지도 만들었다 하니 실제 유통되는 양은 녹차보다 많았을지도 모르겠다.

　　우선 찻잎을 따서 햇볕에 널어 시들린다. 초여름 햇살이 따갑게 내리쬘수록 차의 맛도 야물어진다. 불순물을 골라내고 그늘이나 실내에서 다시 시들린 다음 흐늘해진 이파리들을 손으로 살살 비빈다. 그리고 채반에 펼쳐 담아 구들장이 깔린 방에 불을 때어 널어둔다.

　　찻잎을 따서 시들리고 적당히 비벼준 다음 산화시키는 과정만 본다면 일반적인 홍차와 별다를 것이 없어 보이지만, 여기서 주목해야 할 것은 방에 불을 때어 산화시키는 과정이다. 일반적으로 홍차를 산화시킬 때 권장되는 온도는 24~25℃ 정도로, 초여름 구들장의 온도는 이에 비해 지나치게 높다. 이렇게 만들어진 차는 과하게 산화되어 되려 맛이 싱거워질 수 있으며, 가벼운 수준의 미생물에 의한 후발효 또한 충분히 일어날 수 있기에, 6대 차류의 기준만을 놓고 엄밀히 따져 본다면 잭살은 홍차가 아닌 셈이다. 하지만 현재 하동군에서는 잭살을 예로부터 내려오는 하동의 전통 홍차로 정의하고 있다.

　　홍차든 아니든 잭살은 충분히 사랑스러운 차다. 늦여름 햇살에 미지근해진 보리수 열매의 새큼한 내음 위에 희미하게 해당화 향기가 머무른다. 잘 익은 대봉시나 선드라이드 토마토처럼 깊은 단맛이 있고, 맛에 모난 구석이 없이 둥글어 곁에 두고 자주 마시기 좋으며, 주전자에 넣어 대충 팔팔 끓여도 떫지 않다.
때로 볏짚이 삭는 구수한 내음이 올라오기도 하고 대추야자처럼 묵직하게 혀에 감기는 것도 있지만 어느 것이든 빈속에 마셔도 크게 불편하지 않으며 어지간한 음식에 두루 잘 어울린다. 옛 방식대로 유자 껍질을 넣고 함께 끓인 차를 식혀 꿀을 넣어 마시면 여름철 보양식이 따로 없을 것이다.

최근 우리 차에 대한 관심을 갖는 이들이 많아짐에 따라 잭살을 소개하는 곳들이 부쩍 늘었다. 이렇게 유통되는 대부분의 잭살은 온돌방이 아닌 최신 설비를 갖춘 공장에서 만들어진다. 단정하고 섬세한 풍미가 돋보이는 훌륭한 홍차이며 지역 연구소와 농가의 노력이 무색하지 않게 나날이 우아하고 견고해져 간다.

하지만 나는 이따금씩 시렁 위의 메주가 익어가는 구수한 내음의 잭살이 그리울 때가 있다. 산화와 발효를 구분하지 못하는 홍차의 생태계 교란종이라며 힐난하던 과거의 나에게 굳이 모든 차를 여섯 가지 카테고리로 분류해야 하는지 되묻고프다. 낡고 투박하지만 조금 더 옛 모습을 간직해 주길 바라는 것은 떠나고 나서야 비로소 여름을 사랑했음을 깨닫게 된 까닭인지 아니면 그저 조금 더 나이를 먹었기 때문인지 모르겠지만.

잭살

참새의 혀를 닮은 우리 발효차

건엽
윤기 나는 흑갈색의 고슬고슬하게 꼬인 찻잎

엽저
붉은빛 도는 밝은 고동색의 찰진 이파리

수색
금빛 테두리가 선명한 맑고 투명한 담홍빛

테이스팅 노트. 초여름의 앵두부터 늦여름의 보리수까지 빨갛고 새큼한 나무 열매의 뉘앙스. 깍지째 삶은 콩 혹은 볏짚이 곰삭는 구수한 내음. 다소 가벼운 미디움 보디. 말린 살구나 잘 익은 홍시의 달고 부드러운 풍미가 감도는 단정한 애프터 테이스트.

페어링 팁. 편안한 풍미로 스트레이트로 즐기는 것을 먼저 권하나, 전통 방식대로 유자 껍질이나 대추 등을 넣어 자유로운 베리에이션을 만끽하는 즐거움이 있다. 고사리나 시래기 등 말린 나물에 재래 간장을 사용한 요리라면 무난히 잘 어울리며 레드커런트나 라즈베리 등 붉은 베리류가 든 디저트에 추천한다.

국가. 한국

퀄리티 시즌. 5월 말부터 6월

위치. 경상남도 하동군 화개면과 악양면 일대

지리적 특징. 잭살의 고향인 경상남도 하동군 화개면과 악양면 일대는 한국을 대표하는 명산인 지리산 아래에 섬진강을 끼고 자리 잡은 전통적인 배산임수의 지리적 이점을 갖춘 지역이다. 섬진강의 지류인 화개천이 가까이 있어 안개가 자주 끼며 연간 강수량이 차를 재배하기에 충분하다.

개요. 참새의 혀라는 뜻의 작설雀舌에서 비롯된 이름. 지배층의 개입 없이 지역 차농들이 스스로 마시기 위해 만들어온 산화와 발효가 섞인 형태로 발전해온 우리 고유의 발효차. 말린 돌배와 유자, 모과 등을 넣고 끓여 마시는 등 집집마다 다른 레시피의 블렌디드 티 형태로 이어져 왔다. 떫고 쓴맛이 적으며 속이 편안한 달고 구수한 맛이 특징.

기원. 하동 지역은 한반도에 최초로 차나무가 심어진 지역 중 하나로 뿌리 깊은 역사를 지닌 산지이다. 잭살의 기원은 명확하지 않으나 봄에 피어난 새순으로 관아로 보낼 녹차를 만든 다음 남는 중작 이상의 찻잎으로 만들었다는 것을 보아 우리나라 녹차의 역사만큼이나 긴 것으로 짐작된다. 잭살에 관한 구체적인 기록은 조선 후기에 나타나며, 녹차를 향유하던 이들에게는 썩 좋은 평가를 받지 못하였음에도 불구하고 지역 사회 내에서 일상 음료부터 각종 의례에 사용되는 등 두루 사랑받아왔으며 오늘날에 이르러 한국을 대표하는 전통 발효차로 자리 잡았다.

Cha ^{절기와}^차

15

열다섯 번째

절기

白露

백로

우바
Ceylon Uva

9월 8일 무렵

포도는 익어가고

하늘이 부쩍 멀어져 간다. 하루가 다르게 물빛이 쪽빛이 되고 깊이가 더해가는 모습을 보면 봄은 땅에서 오고 가을은 하늘에서부터 온다는 말이 새삼 와닿는다. 귀를 기울이면 공기 중에서 바스락바스락 가볍고 상쾌한 소리가 날 것도 같다. 금빛으로 묵직하게 영글어 가는 벼 이삭들을 가벼이 훑으며 쓰다듬을 때처럼 흐뭇한 음색이다.

맑게 갠 날씨가 이어지고 바람이 잦아들며 새벽 기온이 뚝 떨어지는 이 무렵에는 이른 출근길에 이슬이 맺힌 것을 어렵지 않게 볼 수 있다. 그래서 음력 8월의 시작과 함께 찾아드는 이 절기의 이름이 희고 순정한 이슬, 백로白露다.

영원할 듯한 녹음의 치세가 끝나고 이제 결실을 맺어야 할 때다. 추수는 아직이지만 눈길 닿는 곳마다 차츰 무르익어 풍요롭다. 머루며 포도가 익어가는 계절도 백로 언저리라 지금부터 추석까지를 포도순절葡萄旬節이라 한다. 가을이 제자리를 찾아갈수록 차의 맛과 향도 더욱 옹골차지고 어느 것을 골라 우려도 흥겹다. 또한 이 시기는 힘 있는 우아함으로 홍차의 여왕이라 불리는 우바가 익어가는 철이기도 하다.

홍차의 꿈을 찾아

실론은 스리랑카에 대규모 티 플랜테이션을 건설한 지배자들이 붙인 이름이다. 1972년 이전까지 줄곧 사용되던 이름이라 이

섬에서 만들어져 세계인들을 사로잡은 차의 이름도 자연스레 실론 티가 되었다. 주로 스리랑카의 중남부 산지와 해변으로 이어지는 기슭에 자리 잡은 차 산지들은 인도와 마찬가지로 국가 기관인 스리랑카 티 보드Sri Lanka Tea Board에 의해 철저히 관리된다.

스리랑카 티 보드에서 규정하고 있는 차 산지는 누와라엘리야, 우다퍼셀라와Uda Pussellawa, 딤불라Dimbula, 우바, 캔디Kandy, 사바라가무와Sabaragamuwa, 루후나Ruhuna의 7구역으로 나뉜다. 그중에서도 다르질링과 기문에 이어 세계 3대 홍차로 널리 알려진 우바는 누와라엘리야와 함께 고급 스리랑카 홍차를 대표하며 차 애호가들에게도 몹시 각별한 차다.

우바는 스리랑카에서 가장 큰 행정구역 중 하나로, 차밭을 찾는 여정을 꾸린다면 일단 먼저 우바 주 바둘라 지구의 엘라Ella로 가야 한다. 평균 해발 고도가 1041m에 달하는 이곳은 커다란 바위로 이루어진 산과 그 사이로 쏟아지는 폭포, 영국 식민지 시대에 건설된 아름다운 다리인 나인아치 브릿지Nine Arches Bridge와 장난감 같은 완행열차 그리고 곳곳에 펼쳐진 차밭이 아기자기하게 어우러진 작지만 아름다운 마을이다.

계절풍이 싣고 온 향기

워낙 서로 동떨어진 분위기라 사진만 봐서는 짐작하기 힘들지만, 누와라엘리야와 엘라는 산길임에도 겨우 두어 시간밖에 되지 않는 가까운 이웃이다. 하지만 중앙의 산맥을 경계로 전혀 다른 계절풍의 영향을 받기에 누와라엘리야의 우기가 절정에 달하는 7월에서 9월 사이에는, 엘라를 중심으로 한 우바의 높은 산지에 건조하고 산뜻한 바람이 불어오며 화창한 날씨가 이어진다.

이 시기에 수확한 찻잎을 비비고 산화시킨 홍차에는 박하나 루콜라가 연상되는 알싸한 내음이 자리 잡는다. 때로 어느 우바 홍차를 고르면 마치 금방 파스 포장을 뜯은 것처럼 강렬하게 코를 찌르는 향기가 나서 차를 약 상자에 보관하기라도 했나 의심이 갈 정도다. 다소 낯설게 느껴질 수도 있지만 가을이 절정에 달하기 전 두어 달 가량만 만날 수 있는 계절의 향기다.

차는 오뉴월 햇살에 고이 말린 장미 꽃잎을 차근히 우린 듯 달고 고혹적이다. 잘 익은 홍차의 우아한 구조감에 새삼 감탄할 무렵 혀를 가볍게 조이며 경쾌한 촉감을 선사하는 실론 홍차 고유의 특징이 웃음소리가 번지듯 입안에 낭랑히 퍼져 나간다.

아삼이 영국이 구축한 홍차 문화를 지배하는 전제 군주라면 우바는 군림하되 통치하지 않는다고 말하는 현대의 입헌 군주로, 의연하고 우아하게 자신이 할 일을 알고 있는 현명한 여왕일 것이다. 비록 누가 언제부터 어떤 기준으로 정하였는지 모호한 세계 3대 홍차지만 스리랑카의 그 많은 차들 중에서 어째서 이 차를 골랐는지 어쩐지 알 것 같다. 맑은 햇살과 차분하지만 카랑카랑한 대기 사이로 차근히 번지는 차향은 유독 또렷하고 찬연하다. 이제부터 더욱 깊어져갈 가을을 고대하며 우바 홍차를 우린다.

우바

계절풍이 싣고 온 멘톨

건엽
단단한 꼬임의 검은빛 찻잎

엽저
어린 싹이 섞인 자줏빛이 감도는 윤이 나는 갈색

수색
투명하고 짙은 루비빛

테이스팅 노트. 계절 특유의 멘톨 노트가 산뜻하게 스치고 간 다음 말린 장미의 달고 고혹적인 내음이 뒤잇는다. 꿀과 삼나무, 잘 익은 앵두. 밸런스와 구조감이 뛰어난 미디엄-풀 보디로, 무겁지 않고 경쾌하다. 가볍게 수렴성이 있지만 개운한 애프터 테이스트로 이어진다.

페어링 팁. 충분히 짙은 풍미를 지니고 있어, 버터가 듬뿍 든 과자를 비롯해 다소 묵직한 요리와 페어링해도 잘 어울린다. 라즈베리나 오디 등의 베리류를 듬뿍 사용한 파운드케이크와 시나몬 쿠키, 그리고 양고기 요리와 두루 잘 어울린다.

국가. 스리랑카

퀄리티 시즌. 5~9월

위치. 우바 주 바둘라Badulla 일대

지리적 특징. 우바는 스리랑카에서도 가장 큰 행정구역 중 하나로, 주요 다원들이 바둘라의 산 능선을 따라 흩어져 있으며 해발 고도 800m에서 1200m대 사이에 걸쳐 있다. 많은 책에서 우바 홍차를 스리랑카 고지대(1200m 이상) 홍차로 소개하고 있으나 실제 우바 지역의 대다수의 차밭들은 중지대(600m 이상 1200m 미만)에 걸쳐 있다.

개요. 다르질링, 기문과 함께 세계 3대 홍차로 일컬어지는 스리랑카를 대표하는 우아하고 구조감 좋은 홍차.

기원. 마지막까지 영국에 저항한 칸디Kandy 왕국의 마지막 거점이 우바 지역이었기에, 막 식민 지배가 시작된 19세기의 초 이 지역은 다른 지역들에 비해 발전이 느렸으나 차밭과 함께 철로와 전기 등 지역 인프라가 성장하게 되었다.

우바를 차 농장으로 개척한 가장 대표적인 인물은 헨리 오스왈드 호시즌이다. 1874년 실론 섬으로 온 그는 데모데라 그룹Demodera Group이라는 회사를 차리고 4000에이커에 달하는 부지에 차밭을 꾸렸다.

스리랑카
탐구

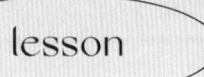

스리랑카Sri Lanka는 남인도의 오른쪽에 위치한 인도양의 섬나라로 전체 면적은 남한의 반보다 조금 큰 정도지만, 바다와 산 그리고 호수와 고원 등 다채로운 풍경들이 선물 상자처럼 빼곡히 들어차 있어 해마다 많은 관광객들이 찾는 나라다. 짧은 기간에 다양한 지역을 둘러볼 수 있어 차 산지로 떠나고자 하는 차 애호가들에게 가장 먼저 권하는 곳이기도 하다.

19세기 중후반에 스리랑카를 지배한 영국인들에 의해 대규모 티 플랜테이션Tea Plantation이 조성되었으며, 지금까지도 차는 관광업과 함께 스리랑카를 지탱하는 국가 기반 산업이다. 스리랑카에서 생산되는 모든 차들은 인도와 마찬가지로 티 보드Tea Board라는 정부 기관이 관리하고 있으며 이들의 주관하에 콜롬보의 옥션을 통해 전 세계로 판매된다.

고지대와 저지대
제주도처럼 섬 중앙으로 갈수록 고도가 높아지며 누와라엘리야에 있는 스리랑카 최고봉 피두루탈라갈라Pidurutalagala산 주변의 중앙 산맥을 따라 남쪽으로 펼쳐진 산간 지대에 차밭이 자리 잡고 있다. 해발 고도에 따라 기온과 일조량 및 차나무의 생육 환경이 차이 나며 차를 만드는 방법도 조금씩 다르다.

고도가 높을수록 찻물빛이 밝고 경쾌하고 깔끔한 맛을 지니며, 낮아질수록 찻물빛이 짙고 풀 보디의 감미로운 풍미를 띠는 경향이 있다. 고지대에서는 로터베인을 사용하여 찻잎을 자잘하게 잘라 산화시키는 전통적인 제법으로 차를 만드는 데 반해, 저지대에서는 인도 아삼 지역의 홀 리프 티를 만들 때와 유사한 오서독스 제법을 이용한다.

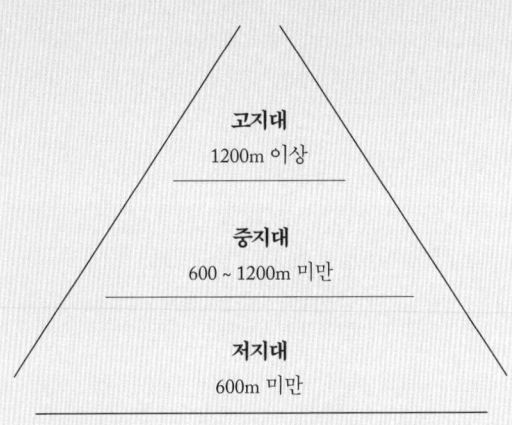

일곱 가지 실론티

누와라엘리야 Nuwara Eliya

섬 중앙 산맥의 가장 높은 산지. 낮은 산화도와 금빛의 옅은 수색으로 다르질링을 연상케 한다.

우다 퍼셀라와 Uda Pussellawa

우바에서 누와라엘리야로 향하는 길목의 고지대 산지. 산뜻하고 깔끔한 풍미가 특징이다.

딤불라 Dimbula

누와라엘리아 남서쪽의 고지대 산지. 재배 면적이 가장 넓어 다양한 차가 만들어진다. 닐기리 홍차가 연상되는 순하고 마시기 편한 차.

우바 Uva

중앙 산맥 동쪽의 중지대에서 고지대까지 걸친 산지. 7~9월의 퀄리티 시즌에 장미와 멘톨 노트가 도드라진다. 세계 3대 홍차.

캔디 Kandy

실론 왕국의 옛 수도인 중지대 산지. 처음으로 차를 재배한 곳이며 실론티라고 하면 흔히 떠올리는 붉은 수색의 경쾌한 풍미.

사바라가무와 Sabaragamuwa

남부 산간 지대에 위치한 저지대 산지. 다원의 규모는 비교적 작은 편이나 소량 한정 생산되는 차들이 인상적이다. 꽃이나 꿀을 연상케 하는 달콤한 향기의 풀 보디.

루후나 Ruhuna

남부 해안가에 위치한 저지대 산지. 누구나 좋아하는 떫은맛이 적은 풀 보디. 일 년 내내 차를 수확할 수 있어 생산성이 뛰어나다.

Cha 16

절기와
차

열여섯 번째
절기

秋分

추분

아삼
Assam

9월 24일 무렵

순간이여 멈추어라

이 얼마나 흐뭇한 계절인가. 오늘부터는 낮보다 밤이 길다지만 여전히 충분한 온기를 머금은 햇살이 눈에 비치는 모든 것들을 금빛으로 물들이고 다정히 머릿결을 흔드는 바람에 혹해 그만 마음을 내어주고 싶다. 가을걷이가 시작된 들녘은 아무리 바쁘더라도 들뜬 마음을 감출 수 없고, 잦아든 비를 여유롭게 피하며 붉은 소나무 발치에 송이가 자란다. 북에서 기러기들이 돌아오면 야무지게 알밤을 품은 밤송이가 모자란 웃음을 짓고 작은 동물들은 상수리나무며 졸참나무 아래에서 도토리를 줍느라 여념이 없다.

덥고 추운 것도 추분과 춘분까지라니 이제 옷장 깊숙이 개켜둔 긴팔과 긴 옷을 꺼내야 한다. 폭닥한 카디건들의 촉감이 몹시 반갑다. 아직은 낯설지만 두툼한 패딩 코트들도 지금 꺼내두지 않으면 늦다. 이 찬연한 계절이 찰나에 지나지 않는다는 것을 알기에 더욱 애달프고 눈부시다. 더도 덜고 말고 늘 한가윗날만 같아라, 라는 말처럼 할 수만 있다면 이 순간을 영원히 멈추게 하고프다.

괴테의 희곡 《파우스트》의 클라이맥스에서는 파우스트가 악마 메피스토텔레스와 계약할 때 약속한 언구를 마침내 내뱉는 장면이 나온다. "멈추어라, 너는 정말로 아름답구나\erweile doch, du bist so schön." 그가 젊음을 되찾고 부귀영화를 누리며 신화 속 미녀와 사랑을 나눌 때에도 나오지 않던 그 말이, 시력을 잃고 악마에게 속아 있지도 않은 이상향 건설을 꿈꿀 때 입 밖으로 새어 나오고 만다.

파우스트가 말한, 그대로 멈추어도 모자라지 않을 그 순간은 차를 마실 때 찾아오기도 한다. 이렇게 이야기할 만큼 인상적인 차라면 대단히 귀하고 값진 어떤 것으로 짐작할는지도 모르겠지만 나에게 그러한 순간을 선사한 차는 홍차를 즐기는 이들에게는 그다지 새로울 것도 없는 익숙할 이름일 아삼이었다.

모든 것은 아삼에서

찻잎 외에 향이나 첨가물이 더해지지 않았으며 쌉싸래하면서도 깊은 단맛이 감도는 짙은 적갈색의 홍차를 마셨다면 십중팔구 아삼이거나 아삼 홍차가 블렌딩된 차일 것이다. 홍차를 생산하는 단일 산지 중 가장 규모가 크며 생산량이 많은 곳이 바로 북인도의 아삼 지역이다.

세계에서 물 다음으로 많이 마신다는 대중 음료로서 홍차의 역사는 아삼에 대규모 티 플랜테이션이 조성되면서부터 비로소 시작되었다. 기원전부터 차나무가 자라온 유서 깊은 땅에 서구의 자본과 기술력이 유입되면서 차의 역사는 새로운 패러다임을 향해 움직이게 되었다. 그때까지의 차는 모든 공정이 지나치게 노동 집약적이라 귀한 신분의 일부 상류층 외에는 즐기기 힘든 사치품이었다. 그러나 영국인들이 이곳 아삼에 효율적으로 관리되는 차 농장을 일구고 제다 과정에 기계를 도입하는 등 생산의 혁신을 이루어 내면서 그제서야 차는 일상의 일부로 평범한 사람들의 생활 속에 스며들 수 있게 되었다.

스리랑카와 아프리카, 터키와 인도네시아 등 홍차를 생산하는 주요 산지 대부분이 아삼의 차나무와 제조 공정을 도입하였기에 현재 우리가 알고 있는 홍차의 모습은 아삼에서 시작된 것이라 해도 과언이 아니다. 홍차를 처음 만든 곳은 중국 복건성이지만 대중에 의해 새로이 태어난 홍차의 고향은 아삼이라고 볼 수 있다.

인도의 북동쪽 끄트머리에 부탄과 미얀마, 방글라데시 사이에 껴서 찌그러진 대문자 T 모양의 아삼 주가 있다. 지도상으로는 다르질링이 바로 코앞이지만 히말라야 고산 지대인 다르질링과는 달리 이쪽에는 티베트고원 남부에서 발원하여 아삼의 드넓은 차밭을 적시고, 2900km를 창창히 가로질러 마침내 뱅골만으로 흘러드는 브라마푸트라Brahmaputra강이 있다.

대다수의 아삼 차밭들은 전자처럼 완만한 평지에 드넓게 자리 잡고 있지만, 영국인들이 싱포Singpo족의 차나무와 처음 만났던 틴수키아Tinsukia와 디부르가Dibrugarh 일대는 해발 고도가 다른 아삼 지역에 비해 높은 편이며 일교차도 크다. 흔히 어퍼 아삼Upper Assam으로 불리는 이곳에서 동쪽으로 미얀마 국경 너머를 계속 따라가 보면 중국 운남성의 서쌍판납西双版納이 있다. 인도 아삼에서 중국 운남성과 사천성까지를 아우르는 이곳이 바로 차나무가 태어난 곳이다.

완벽한 한 잔

중국 운남성의 차나무들처럼 아삼의 차나무들도 그대로 두면 15m씩 쑥쑥 자라는 잎이 큰 차나무다. 그때까지 유럽 사람들이 알고 있던 차나무는 우리나라와 같은 자그마한 것이었기에 어퍼 아삼의 정글 속에서 발견한 차나무는 처음에는 카멜리아 시넨시스가 아니라고 여겨지기도 했다. 키가 큰 차나무에서 찻잎을 따는 것은 여러 위험과 불편함이 잇따랐기에 서구의 티 플랜터들은 차나무가 어릴 때부터 꾸준히 가지치기를 하여 위가 아닌 옆으로 마치 테이블처럼 넓게 가지가 뻗게끔 만들었다.

언뜻 보면 다르질링의 차나무들과 비슷해 보이지만 일꾼들이 분주히 따고 있는 차 싹과 어린잎들은 훨씬 크고 수분을 듬뿍 머금어 부드럽다. 아삼에서 만들어지는 90% 이상의 차는 적당히 시들린 다음 부드럽게 비비는 대신 기계를 이용하여 잘게 자르고 찢어 빠르게 산화시킨다. 이렇게 만들어진 씨티씨CTC, Crush Tear Curl 홍차는 우유나 크림에도 밀리지 않을 만큼 진하게 우러나므로 아삼이라고 하면 밀크티를 먼저 떠올리는 이유가 되었다.

씨티씨 또한 충분히 매력적이지만, 순간을 영원으로 귀속시키고플 만큼 아름다웠던 기억 속 그 아삼 홍차는 조금 달랐다. 찻잎은 밤처럼 새카맣지만 곳곳에 황금빛 별처럼 반짝이는 골든 팁스가 엉켜 있었다. 새싹에 붙어 있던 작은 솜털들이 산화되며 노르스름한 빛을 띠게 된 것이다.

찻잔 안은 선연한 가을이다. 갱엿을 고는 달큰한 내음이 익숙히 다가오며 숙성되어 가는 과일의 내음이 살풋 얹힌다. 설탕에 절인 오디 어쩌면 딸기 캐러멜일 수도 있겠다. 한 모금 차가 지나간 자리마다 묵직하지만, 벨벳으로 쓸고 간 듯 보드랍다. 스코틀랜드 스페이사이드 지역의 싱글 몰트 위스키가 떠오르는 것도 납득이 간다. 우유를 아주 조금만 더하여 마셔도 좋겠지만 지금 이대로도 보름달처럼 완전하다.

아삼에 대해서는 이미 잘 알고 있다고 생각했는데 전혀 아니었다. 흔한 클리셰지만 어릴 적부터 살갑던 소꿉친구를 동네가 아닌 다른 곳에서 우연히 만났는데 갑자기 매력적인 연애 상대로 느껴진 순간이 이랬을까.

무르익은 가을볕이 능청스레 어깨를 넘보며 테이블 위로 바짝 긴장한 찻잔이며 티 포트를 쓰다듬고 이내 찻잎 사이사이 맺혀 아롱지는 어느 순간 나는 시간의 틈새를 파고들어 기억 속의 아삼 홍차를 마주하고 싶다. 그냥 마실 뿐이라고 말하곤 했지만 사실은 줄곧 좋아하고 있었다고, 차에 대한 나의 마음과 열정을 깨닫게 해주어 고맙다는 뒤늦은 인사를 전하고 싶다. 그날 그랬듯 그저 의뭉스레 웃겠지만.

아삼

영국 홍차의 시작

건엽
반지르한 새까만 찻잎에 곱슬거리는 골든 팁

엽저
윤기가 돌고 탄력이 좋은 밝은 구릿빛 찻잎

수색
탁하지 않고 짙은 적갈색

테이스팅 노트. 말린 장미꽃과 꿀 바른 비스킷. 눈이 번쩍 뜨이는 짙고 강건한 풀 보디. 볶은 맥아의 고소하고 몰티\malty한 내음 뒤에 밸런스가 잘 잡힌 깊은 단맛이 이어진다. 쌉쌀하지만 떫은맛이 도드라지지 않아 매일 마셔도 질리지 않고 편안하다.

페어링 팁. 아삼하면 밀크티라고 생각하지만 골든 팁이 듬뿍 든 오서독스 아삼은 스트레이트 티로도 좋다. 튀기거나 기름기가 많은 음식을 비롯하여 서양 요리 어디든 잘 어울리며 버터나 치즈를 사용한 진한 디저트에도 일품이다. 블루치즈처럼 강한 향을 지닌 치즈도 좋다. 무엇보다 추천하는 것은 클로티드 크림과 딸기잼을 듬뿍 얹은 갓 구운 스콘.

국가. 인도

퀄리티 시즌. 3월부터 11월까지 수확이 가능하나, 오소독스 제법으로 만들어지는 골든 팁 아삼은 6~7월에 가장 빼어나다.

위치. 조르하트Jorhat와 디부르가Dibrugarh 일대

지리적 특징. 인도 아삼 지역은 위로는 중국과 영토 분쟁으로 실랑이 중인 아루나찰프라데시Arunachal Pradesh 주와 부탄을 마주하고 아래로는 세계에서 가장 비가 많이 내리는 지역으로 알려진 인도 메갈라야Meghalatya 주에 맞닿아 있다. 연간 강수량은 2500~3000mm으로 넉넉한 편이나 최근 몇 년간 가뭄으로 어려움을 겪고 있다. 고온 다습하여 여름에는 35~38℃에 달하고 겨울에도 영하로 잘 떨어지지 않는다.

개요. 북인도를 대표하는 차 산지이자, 단일 산지로는 세계 최대 규모의 홍차 산지. 영국인들이 처음으로 조성한 티 플랜테이션이며 영국을 홍차의 나라로 만든 원동력이자 대중화된 차 문화의 선봉.

기원. 1823년 영국 동인도 회사의 로버트 브루스 소령은 지역 유지인 마니람 데반의 안내를 받아 마침내 싱포족의 차나무를 만나게 되는데, 그가 돌연 세상을 떠나는 바람에 동생인 찰스 브루스가 그를 대신하여 1837년 아삼 디부르가 인근에서 차를 재배하기 시작하였다. 1839년에는 아삼 최초의 차회사인 아삼 티 컴퍼니Assam Tea Company가 설립되며 아삼의 차 산업은 본 궤도에 오르게 되고, 두 번의 아편 전쟁을 겪으며 국력이 쇠한 중국이 주춤한 틈을 타서 아삼의 홍차는 전 세계의 차 애호가들을 사로잡으며 홍차를 대표하는 이름이 되었다.

인도의 짜이 문화

인도에서 기차나 버스를 타면 막 끓여낸 달고 진한 밀크티를 들통에 담은 짜이왈라Chaiwala*들이 사람들 사이를 비집고 다니며 "짜이 짜이 짜이!" 하고 외치는 소리를 들을 수 있다. 흔히 짜이Chai라고 하면 여러 가지 향신료를 넣은 스파이시한 밀크티를 떠올리기 쉽지만 본래 짜이는 힌두어로 차, '티Tea'를 의미하는 단어이다.

갠지스강의 지류인 후글리강이 서벵골만으로 흘러드는 곳에 자리 잡은 콜카타Kolkata는 과거 캘커타Calcutta로 불리던 영국 홍차의 심장부였다. 지금도 인도의 거의 모든 차 회사들이 모여 있는 콜카타는 인도의 짜이 문화가 시작된 곳으로, 설탕조차 넣지 않은 담백한 것부터 알싸한 향신료가 듬뿍 담긴 걸쭉한 밀크티까지 다양한 모습의 짜이를 만날 수 있다.

냄비에 끓여 차의 진한 풍미를 최대한 끌어내고 우유의 고소한 풍미와 어우러지게끔 한 인도의 짜이는 일본의 로열 밀크티 레시피에도 많은 영향을 주었다. 물의 흔적이 느껴지지 않는 끈덕하고 진한 텍스처를 좋아하는 한국 사람들의 취향에 가장 잘 맞는 밀크티이기도 하다.

콜카타 뉴마켓New Market의 길목에는 나무 수레에서 짜이를 파는 작은 가게 다바Dhaba들이 주욱 늘어서 있다. 아래쪽에 미리 끓여둔 물과 우유를 찻잎과 설탕과 함께 끓이다 짜이가 끓어오르면 냄비를 들어 올려 식힌다. 이를 보통 예닐곱 번 반복한다. 걸러낸 찻잎은 다시 냄비로 돌아가서 재활용된다.

카페에서 밀크티를 주문하면 200~300ml씩 나오는 우리나라와는 달리 인도의 짜이는 진하기도 하거니와 100ml 정도의 적은 양을 과자 등을 곁들여 마신다. 튀긴 계란이나 콩이 단출하게 든 커리와 인도의 식사 빵인 로띠Roti에 짜이를 곁들이면 훌륭한 한 끼 식사이고, 네팔 문화를 흡수한 다르질링에서는 만두의 일종인 모모Momo에 짜이를 곁들여 가볍게 끼니를 때운다.

인도 아삼은 차나무의 원산지이지만 인도에 자리 잡은 짜이 문화는 옛 지배자였던 대영 제국이 남긴 유산이다. 인도 전역에서 생산되는 찻잎의 80%가 국내에서 소비될 만큼 짜이를 즐겨 마신다. 여전히 카스트Caste의 잔혼이 남은 인도이지만 짜이만큼은 평등하다. 길에서 일하는 하층민도 우아한 티타임을 즐기는 상류층 사업가도 똑같이 짜이를 마신다.

* 짜이를 만들어 파는 행상.

콜카타에는 붉은 흙이 많이 나는데, 짜이를 주문하면 작은 유리컵이나 흙으로 빚어 초벌구이한 일회용 컵인 쿨라드Kullads에 담아준다. 다 마시고 나면 바닥에 던져 밟아 다시 흙으로 돌아가게끔 한다. 컵을 일부러 깨트려 버린다는 것이 낯설긴 하지만 윤회를 믿는 인도답다는 기분도 든다. 하지만 최근 산업의 발전에 따라 콜카타에서도 일회용 컵의 사용이 늘고 있다.

Cha ^{절기와}차

17

寒露

한로

일월담 홍옥

日月潭 紅玉

10월 8일 무렵

시월에는 숲으로

가을이 깊어간다. 찬 이슬 맞으며 감이며 사과가 영글고 한낮 햇살에 여름이 두고 간 열기가 남아 있는가 싶어도 사뭇 기울어 스산하다. 백로가 송골송골 맺힌 맑은 이슬이라면 한로는 얼어붙기 직전의 차고 무거운 이슬이다. 비가 물감이라도 되는 양 비가 오고 그칠 때마다 하늘과 산야의 색조가 마치 덧칠한 듯 또렷해지는 것이 어찌나 신기한지. 이 무렵이면 영그는 모든 것들이 거의 완전해지고 세상은 절정을 향해 내달려 간다.

계절은 시간이 그린 완만한 곡선 위에서 서서히 움직이는 것이 아니라 평행선을 완주하다 비를 계단 삼아 상승하거나 낙하한다. 지구 온난화로 인한 기상 이변이 심한 오늘날 우리에게 남은 계절은 여름과 겨울뿐이고, 여름의 뒷면과 겨울의 앞면 사이에 가을이 스쳐 간다는 말도 있을 정도이다. 기형도 시인 또한 가을은 잠시 만져볼 수 있을 뿐이라고 노래한 10월. 이 아름다운 계절에 조금이라도 닿고자 산으로 들로 나무가 우거진 곳으로 떠난다. 그가 말했듯 시월의 숲은 아무런 잘못도 없기에.

해와 달의 호수

한로 어귀의 공기처럼 알싸하고 새콤한 향기를 품은 제철의 차라면 대만 남투현의 일월담日月潭, Sun Moon Lake 어귀에서 나는 홍옥紅玉 홍차가 먼저 떠오른다. 둘레가 35km에 달하는 대만 최대의 담수호인 일월담은 윗부분은 둥글고 아랫부분은 초승달처럼 길쭉하여 해와 달의 호수라 이름 붙여졌다.

수도인 타이베이보다 긴 역사를 지닌 유서 깊은 도시 타이중에서 버스를 타고 2시간 가까이 산길을 덜컹거리며 올라가면 완만한 구릉 사이로 자리 잡은 차밭과 잔잔히 반짝이는 호수가 어우러진 환상적인 비경이 눈을 사로잡는다.

보통 대만의 차라고 하면 맑고 청량한 향기를 품은 청차를 떠올리기 마련이지만 일월담을 끼고 있는 남투현 어지향魚池鄉을 대표하는 차는 홍차다. 인도 아삼 지역보다 위도가 낮고 덥고 습한 기후를 지닌 이곳은 완만한 구릉과 큰 일교차와 함께 홍차를 재배하기에 빼어난 조건을 지니고 있다.

무지갯빛 매력

현재 일월담을 대표하는 홍차인 '홍옥'은 21세기를 앞두고 차의 역사 끄트머리에 새로이 등장한 차다. 차나무의 품종을 연구 및 관리하는 대만의 차업개량장은 1999년 대만의 야생 차나무와 미얀마에서 온 대엽종 차나무를 교배한 신품종 대차18호臺茶18號에 홍옥, 즉 루비Ruby라는 이름을 붙였다.

여태까지는 없었던 새로운 차라는 이야기에 설레며 마신 첫 모금에는 이른 아침 맑은 안개로 둘러싸인 호숫가에서 불어오는 바람처럼 서늘한 내음이 감돌았고, 익숙한 박하 향에서 어렵지 않게 우바를 떠올릴 수 있었다.

다시 뜨거운 물을 붓자, 이번에는 사과에 설탕 시럽을 입혀 군힌 탕후루였다. 빨간 사과 껍질의 쌉쌀하면서도 새콤한 향기와 졸인 설탕의 달콤한 맛이 어우러진 두 번째 잔에 이어 세 번째는 푸른 주스의 짙은 단맛이 더해졌고, 그 뒤를 초콜릿을 묻힌 말린 파인애플과 대추야자, 계피 등이 물을 부을 때마다 새로이 등장하였다. 대체 어디 숨어 있었던 것인지 우릴 때마다 그 이전과는 다른 모습으로 나를 놀라게 하는 차였다. 마치 일곱 빛깔 무지개처럼.

이처럼 다채로운 매력을 지닌 일월담 홍옥에는 홍차의 역사를 가로지르며 제각기 발전해 온 동양과 서양의 취향이 고루 담겨 있다. 중국 홍차에는 드문 싱그러운 떫은맛이 입안을 환기시키는 한편 유럽 사람들이 구축한 티 플랜테이션의 대량 생산 홍차가 가질 수 없는 깊이와 여유가 차의 내면에 깊숙이 자리 잡고 있다.

여름이 지나는 사이 더욱 예리한 향을 품는 일월담 홍옥의 햇차를 우리나라에서 만날 수 있는 것은 지금 10월 언저리이다. 김밥은 물론 어지간한 도시락과도 잘 어울리는 홍옥 홍차는 가을 소풍의 훌륭한 동료가 되어줄 것이다.
가끔은 가을 숲으로 떠나기 앞서 뜨거운 물이 든 보온병에 찻잔과 티 포트 혹은 개완을 챙기는 수고를 더해보자. 기울어진 가을 햇살을 조명 삼아 자리를 펴고 앉으면 벽은 없지만 세상에 단 하나뿐인 차실이 지금 이곳에 있다. 계절이 실어다 준 빛과 바람이 찻물에 녹아드는 순간을 당신도 곧 만나게 될 것이다.

일월담 홍옥

동과 서를 넘어선 새로운 홍차

건엽
꼼꼼히 말린 기다란 나선형의 검은 찻잎

엽저
흑록빛이 도는 어두운 구릿빛

수색
가을볕을 녹인 듯 영롱한 붉은색

테이스팅 노트. 서늘한 멘톨 노트 뒤로 투베로즈와 사과 껍질 그리고 파인애플의 향기. 산뜻한 떫은맛이 입안에 경쾌하게 뛰어노는 미디움-풀 보디. 건자두와 계피의 달콤함.

페어링 팁. 개완으로 차의 다양한 면모를 즐기는 것을 먼저 권한다. 청량한 풍미를 지니고 있어 아이스티로도 좋다. 진하고 산뜻한 단맛이 있어 마늘이나 향신료를 사용한 요리에도 쉽게 밀리지 않는다. 스페인의 타파스 요리와도 잘 어울린다. 오렌지를 비롯한 새콤한 과일을 사용한 디저트와도 추천한다.

국가. 대만

퀄리티 시즌. 7~9월

위치. 남투현 어지향 일월담 인근

지리적 특징. 대만 내륙 산간 지대의 해발 500~800m에 위치한 남투현 어지향 일대는 아열대 몬순 기후로 일 년 내내 차를 만들 수 있지만, 7월과 9월 사이에 찾아오는 건기에 수확한 차가 가장 인기 있다. 연평균 기온은 20℃ 전후이며 대만 최대의 담수호인 일월담을 끼고 있어 안개가 자주 끼며 상대습도가 80%에 달한다.

개요. 1999년 이후 새로이 등장한 품종인 대차 18호 홍옥으로 만든 대만의 독창적인 홍차. 여름에 수확한 차에는 박하의 서늘한 내음이 자리 잡는다.

기원. 대만의 홍차 재배는 1895년부터 1945년까지 대만을 점령한 일본인들로부터 시작되었다. 이들은 1923년에 인도 아삼 차나무의 씨앗을 대만과 일본 규슈 지역 4곳에 심었으나 그중 유일하게 성공한 지역은 남투현의 어지향이었다. 1926년부터 일월담 일대의 어지향을 티 플랜테이션으로 개발하고자 노력해온 아라이 코우키치로는 이곳에 홍차시험지소紅茶試驗支所(현재의 차업개량장어지분장)를 열고 1936년부터 본격적으로 홍차를 생산하기 시작하였다. 그는 아삼에 이어 미얀마의 대엽종 차나무를 들여오는 등 대만의 독자적인 홍차 품종을 만들기 위해 노력하였으나 끝내 이루지 못하였다. 1999년 대만의 차업개량장에서는 그가 심었던 미얀마의 차나무와 대만의 야생 차나무를 교배하여, 지금까지는 존재하지 않았던 새로운 홍차 품종인 대차18호를 소개하며 이를 홍옥이라 명명하였다.

Cha

^{절기와}
^차

18

열여덟 번째

절기

霜降

상강

무이암차

武夷岩茶

10월 23일 무렵

멋진 하루

차곡차곡 하루를 쌓아가다 보면 일 년에 두어 번 절대 잊을 수 없는 순간이 찾아오곤 한다. 특히 가을이 서서히 내리막을 향할 무렵이면 마음의 준비를 해야 한다. 비가 내린다면 다음 날에는 모든 것이 바뀌어 있을 가능성이 크다. 그리고 아침에 일어나 문을 열고 유달리 깊어진 산과 하늘을 보며 문득 깨닫게 되는 것이다. 오늘은 그 어느 날보다 특별한 날이라는 것을.

초록이 떠나고 남은 빛깔들이 산과 들을 물들이는 이 아름다운 계절에 관해서라면 이미 많은 선인들이 미려한 문장으로 묘사해왔고 앞으로도 더 많은 형용사들로 수식될 것이기에 굳이 첨언할 필요가 있을까 싶다. 화창한 날 짙푸른 하늘과 느긋하게 드리워지는 햇살의 흐뭇함이야 말할 것도 없고 비가 오거나 흐린 날에는 나무들이 저 혼자 붉고 노란빛을 내며 또렷해진다.

이 찬란한 풍요의 그늘에서 가을은 서서히 떠나갈 준비를 한다. 상강은 서리가 내린다는 의미로, 이 무렵이면 살아 있는 모든 것들이 조금씩 겨울을 받아들일 준비를 한다. 시리도록 아름다운 이 멋진 하루는 이 계절이 우리에게 전하는 작별 인사이며 그 첫 번째 신호가 서리인 것이다.

주자가 사랑한 무이산

테이블 위로 볕이 드는 시간이 눈에 띄게 짧아지는 만큼 오후의 티타임도 하루하루 소중해진다. 이 무렵에야 무엇을 마셔도 흡족하지만 절정에 달한 가을에 걸맞은 차를 하나만 꼽는다면 바로 무이암차武夷岩茶다. 무이암차는 중국 복건성 무이산의 바위 틈에서 자라는 차나무에서 딴 찻잎으로 만드는 청차다.

36개의 봉우리와 99개의 암석이 기이하면서도 장쾌한 풍경을 자아내는 무이산은 남송의 학자 주희朱熹가 무이정사武夷精舍를 짓고 성리학을 집대성한 곳이기도 하다. 무이산은 본래 황실에 차를 공납할 만큼 유서 깊은 차 산지였으나 그 이름이 세계로 알려지게 된 것은 17세기에 이르러 찻잎을 붉게 산화시키는 새로운 제다 방식이 등장한 이후부터다. 중국의 차가 유럽이라는 새로운 차 시장에 대응하는 과정에서 만들어진 것이 홍차라면, 청차는 중국이 이어온 유구한 차 문화의 맥락 안에서 그 자신의 취향에 맞추어 정교히 발전시켜온 차라고 할 수 있다.

일반적으로 어린잎이 많이 포함될수록 좋은 차라는 인식이 있지만 무이암차를 비롯한 청차류는 충분히 자란 잎으로 만든다. 그래야 반복되는 주청做青과 홍배 과정에서 찻잎이 버틸 수 있다. 그래서 다 채엽 시기가 녹차류에 비해 다소 늦으며 완성된 후에도 찻잎을 자루에 담아 서늘한 곳에 보관하며 불기운을 가라앉히는 과정을 거치는 경우가 많다.

암골화향의 서사

무이산의 바위 틈에서 자라난 야생 차나무들의 종류는 거의 천여 가지에 달하는데 그중 빼어난 품종을 골라 명총名欉이라고 불렀다. 그중 가장 널리 알려진 것이 대홍포, 철라한, 수금귀, 백계관의 4대 명총이다.

하지만 무이산에서 만들어지는 청차의 대부분은 육계와 수선이다. '순후醇厚한 것은 수선만한 것이 없고 향기롭기는 육계만한 것이 없다'는 말이 전해지듯, 가지치기를 하지 않으면 아름드리나무로 자라는 수선은 짙고 두터운 풍미가 매력적이며 육계는 이름 그대로 얇은 껍질이 돌돌 말린 스리랑카산 계피가 연상되는 알싸하고 달콤한 향기가 특징이다.

이 두 가지 차는 4대 명총만큼이나 오랜 전통을 지니고 있으며 비교적 쉽게 구할 수 있고 잘 고른다면 무이암차의 특징인 암골화향巖骨花香을 충분히 만끽할 수 있다. 직역하면 '바위 틈에 핀 꽃의 향기' 정도의 의미인데, 무이산의 차나무들은 바위를 끌어안고 깊이 뿌리내리며 천천히 자라지만 이곳의 찻잎으로 만든 차는 고아하고도 무게감 있는 꽃내음과 거듭 우려도 쉬이 옅어지지 않는 패기가 있다.

무이암차의 맛과 향기에 관해 설명하자면 암운巖韻 또한 빼놓을 수 없다. 암운은 차의 색과 향, 맛을 아우르는 추상적 감각으로 무이산의 자연환경에서 비롯된 지역적 특징이자 무이암차가 담고 있는 일종의 서사다.
데워진 찻주전자의 열기가 그 안의 찻잎에 스미면 벼루에 먹을 가는 개운한 향내가 올라온다. 우려진 차는 살짝 홍조를 띤 호박색이고 점성이 있어 천천히 일렁이며 입안에 머금은 한 모금에는 간결하고 담박하지만 미각을 압도하는 중후함이 있다. 묵직하지만, 풀보디의 아삼 홍차가 겹겹이 덧발라 사물의 양감을 표현하는 유화라면 무이암차는 비워서 존재의 깊이를 더하는 동양화의 달이다.

수득수득한 늦가을의 풍경을 섬세하게 때로는 거침없이 갈필을 휘저어 묘사한 한 폭의 산수화가 찻잔 안에 펼쳐진다. 네 악장의 교향곡이며 일단 책장을 넘기기 시작하면 절대 멈출 수 없는 대하소설이다. 마음을 울리는 이야기를 만나고 나면 한동안 헤어 나올 수 없듯 빼어난 무이암차를 마시고 난 후에는 그 여운에 빠져 한동안 다른 차가 생각나지 않는다.

봄이 태어나는 계절이라면 가을은 저무는 계절일지도 모르겠다. 하지만 그 내리막길의 어드메에서 세상이 다시 태어난 듯 눈부신 하루가 찾아온다. 서늘하고 달콤한 공기는 어제와 다르고 눈부시게 쏟아지는 햇살 아래 나는 다시 나아갈 힘을 얻는다.

삶에 주눅 들고 일에 치이는 날이면 어깨가 앞으로 말리며 저절로 눈이 땅을 향하게 되지만 적어도 지금은 고개를 들어 하늘을 그리고 나무들을 보아야 할 때다. 이로써 가을은 대단원의 막을 내리지만 무이암차의 암운이 그리는 이야기에 귀를 기울이며 다시금 무대로 오를 새로운 극을 기다린다.

무이암차 육계

암골화향의 청차

건엽
나선형으로 살짝 비틀린 검은 찻잎

엽저
녹엽홍 양변이 또렷한 붉은 테두리를 띤 어두운 녹색

수색
가볍게 어두운 빛이 스친 등황색

테이스팅 노트. 육계피와 건자두, 오디 그리고 달고 감미로운 시가. 제비꽃과 금목서의 그림자. 망고의 씨앗처럼 단단한 심이 느껴지는 미디움 보디. 오래 이어지는 잔향과 취할 듯 얼큰한 차의 여운.

페어링 팁. 충분히 진하게 우려 차 자체의 무게감을 즐긴다. 차에 중점을 둔다면 말린 과일이나 견과류, 튀밥처럼 가벼운 주전부리가 좋다. 센 불에 볶아낸 야채나 버섯이 들어간 요리를 추천하며 크림이 더해져도 잘 어울린다. 살구 콤포트나 오렌지 마멀레이드를 얹은 토스트에 육계 한 모금을 특히 추천한다.

국가. 중국

퀄리티 시즌. 5∼6월

위치. 복건성 무이산 정암차구

지리적 특징. 무이산은 강서성의 연산현과 복건성의 무이산시를 포함한 총면적 999.75km²에 달하는 산지이며 가장 높은 봉우리는 해발 2158m의 황강산이다. 검고 붉은 기암괴석이 아홉 계곡을 따라 형성되어 있어 푸른 물과 붉은 산이 어우러졌다 하여 벽수단산碧水丹山이라 불린다. 연평균 기온 12∼13℃, 연간 강수량은 2000mm 이상으로 일 년 내내 기온이 고르고 습윤하며 상대 습도는 85% 가량으로 골짜기마다 안개가 짙게 끼며 잘 흩어지지 않는다.

개요. 육계는 수선과 함께 무이산 일대에서 가장 흔히 만날 수 있는 차로 17세기에 처음 만들어진 청차의 모습이 남아 있으며 묵직한 꽃내음과 긴 여운으로 대표되는 암골화향과 암운이 특징이다.

기원. 무이산에서 만들어진 차가 전 세계로 알려지게 된 것은 17세기 효소 산화를 이용한 제다법이 개발되면서부터이다. 바위산인 무이산은 차나무를 넓고 빽빽하게 심기 어려운 환경을 지니고 있다. 거의 계단형의 소규모 다원으로 그마저도 여러 군데로 흩어져 있어 차를 만들려면 이곳저곳의 찻잎을 바구니에 담아 모아야 하고 산 아래에 있는 작업장까지 가려면 오랜 시간이 걸릴 수밖에 없었다. 바구니 속에서 흔들려 부딪힌 찻잎은 가장자리가 붉게 물들었으며 이렇게 흠 지고 시들은 찻잎에서 되려 좋은 향기가 난다는 것을 알게 된 지역 차농들은 이를 청차와 홍차를 만드는 새로운 제법으로 발전시키게 되었다.

무이암차의
대표 품종

lesson

무이산의 중심에 위치한 70km²의 제한된 구역에서 자라는 차나무로 만든 차를 정암차正岩茶라고 부르며 가격도 몹시 높다. 이곳에서 자라는 품종 중 생산성과 품질에서 빼어난 차나무를 골라 명총名欉이라고 부르는데, 그중에서도 널리 알려진 대홍포, 철라한, 백계관, 수금귀를 4대 명총이라 한다.

1. 대홍포 大紅袍

'차왕茶王'이라고 불리는 무이암차를 대표하는 차. 대홍포 모수는 2006년을 마지막으로 채엽이 금지되었으며, 현재 판매되는 대홍포는 모수에서 자른 가지를 꺾꽂이로 번식시킨 것이다. 찻잎의 끝이 가벼운 붉은 빛을 띠며, 향은 높고 예리하지만 맛은 두텁고 부드러우며 암운이 혀에 또렷이 남는다.

2. 철라한 鐵羅漢

가장 처음으로 명총의 이름을 얻은 차나무로, 향이 강하지는 않지만 마실수록 은은하게 배어나는 향취가 있다. 맛의 균형감이 빼어나며 미네랄의 단단한 풍미가 느껴지는 깊고 묵직한 맛 뒤에 개운한 애프터테이스트가 인상적이다.

3. 백계관 白鷄冠

'흰 닭의 벼슬'이라는 뜻으로, 봄에 돋아난 새순은 얇고 끝이 살짝 구부러져 있는데 햇살을 받으면 금빛으로 반짝반짝 빛나 아름다우며, 영롱한 금목서 향과 오렌지꿀 등의 향기가 오묘하게 얽혀 있어 매력적이다.

4. 수금귀 水金龜

'물에 사는 금빛 거북이'라는 뜻으로, 다 자란 찻잎이 두텁고 윤이 나는 모습이 마치 비 오는 날의 거북이 등껍질 같이 보인다 하여 붙은 이름이라고 한다. 다른 4대 명총에 비해 온화한 향과 부드러운 단맛으로 편하게 즐길 수 있다.

5. 수선 水仙

무이암차를 대표하는 품종 중에서 유일한 교목형 차나무. 대엽종에 해당하므로 잎이 크고 생산성이 몹시 뛰어나 무이산뿐 아니라 복건성 남부 지역과 광동성에서도 널리 사랑받는 차나무다. 그윽한 난향과 과일의 싱그런 과즙 내음이 감돌며 부드럽고 두터운 단맛이 빼어나다.

6. 육계 肉桂

1980년대부터 본격적인 재배가 시작되었으며 무이산에서도 가장 대중적인 품종이라 어렵지 않게 구할 수 있다. 생강꽃이 연상되는 알싸하고 우아한 향기에 이은 깊고 짙은 차의 풍미가 몹시 흡족하다. 처음 마시는 무이암차를 고른다면 가장 추천하는 차.

겨울

얼음과 눈 아래에서 차나무가 잠들고 빛깔을 잃은 세상을 잊은 양 집에서 더욱 많은 시간을 보내는 나날. 차의 온기에 기대어 하루하루 나아가고 홀로 때로는 가족이나 친구와 함께하는 어른의 소꿉놀이가 즐겁다. 기문에서 보이숙차까지 추위마저 녹여줄 달고 부드러운 차와 함께 밤의 계절을 보낸다.

Cha
절기와 차

19

立冬

입동

브렉퍼스트 티
Breakfast Tea

11월 7일 무렵

겨울 채비

아침마다 이부자리와 눈물겨운 작별을 한다. 어찌나 헤어지기 싫었던지 어느 날 꿈에서 깨어나 보니 벌레가 된 남자처럼 이불이 되는 상상을 하기도 한다. 그래봐야 천 쪼가리일 뿐인데 떨쳐내는 것이 이렇게나 힘들 일인가라는 생각이 들 때쯤 날이 부쩍 추워졌다는 것을 깨닫는다.

입동이 다가오면 땅이 얼어붙기 전에 보리를 심고 겨울을 나기 위한 채비를 한다. 집이며 살림살이를 두루 살피고 두툼한 이불이며 난방 도구들을 챙기는 것도 잊으면 안 된다. 입춘과 입하, 입추가 그랬듯 아직 절기가 말하는 계절에 도달하지는 않았지만 그가 본연의 모습을 드러내기 전 모든 것을 미리 갖추어야 하는 시기이다.

차 애호가들의 월동 준비는 겨우내 함께할 차를 고르는 것으로 시작된다. 길고 엄혹한 계절을 보내는 동안 자연히 집에 머무는 시간이 늘어나고 잠시라도 추위를 잊게 해주는 따뜻한 차 한 잔은 혹한이 맹위를 떨칠수록 더욱 달콤하다. 아무래도 쌀쌀한 계절에는 녹차처럼 푸릇푸릇한 차들보다는 붉은색이나 다갈색을 띤 짙은 차들이 끌린다. 그중에서도 브렉퍼스트 티는 언제 마셔도 모나지 않는 행복을 주기에 차를 고르는 것조차 귀찮은 나날에 한줄기 빛이 되곤 한다.

세상의 모든 아침

만약 딱 한 가지 차만 가질 수 있다면 나는 무조건 잉글리시 브렉퍼스트 티English Breakfast Tea를 고를 것이다. 백화점이나 마트에서 흔히 볼 수 있는 차인 잉글리시 브렉퍼스트 티는 말 그대로 영국 사람들이 아침 식사에 곁들이는 차다. 하지만 꼭 아침에만 마셔야 하는 것도 아니고 영국에서만 판매하는 차도 아니다.

어디서든 만날 수 있는 세상에서 가장 흔한 홍차의 이름이지만 회사마다 각자 다른 레시피로 만들어지기에 마스터 티 블렌더들은 차에 관한 자신의 철학을 담아 심혈을 기울여 만든다. 어떤 티 브랜드를 처음 만났을 때 그 회사가 어떤 생각을 가지고 차를 고르고 블렌딩하는지 바로 알아보고 싶다면 브렉퍼스트 티를 고르면 된다. 브렉퍼스트 블렌드는 티 브랜드의 심장이자 아이덴티티 그 자체이기에.

고전적인 잉글리시 브렉퍼스트는 주로 아삼과 실론, 케냐 홍차를 섞어 만든다. 우유나 설탕을 넣어도 밀리지 않게끔 진하고 강건한 풀 보디이다. 인도와 케냐 그리고 스리랑카 순으로 세계에서 가장 많은 홍차를 생산하는 나라 1위부터 3위까지가 모두 포함된 것이 눈에 띄는데, 세 나라 모두 영연방British Commonwealth에 속한 나라라는 점도 흥미롭다.

현대 영국에는 홍차를 생산하는 대규모 농장도 가공 시설도 없지만 과거 미지의 땅에서 차밭을 개척한 모험심 강한 영국인 차농들의 활약은 지금까지 남아 위의 세 나라에서 이어지고 있다. 그리고 이들의 유지가 잉글리시 브렉퍼스트 티라는 이름으로 남아 지금까지 내려오고 있는 것이다.

영국 홍차의 정통성을 강조하는 티 브랜드에서는 영연방 국가 외 지역의 찻잎을 잉글리시 브렉퍼스트 티에 거의 넣지 않는다. 아이리시 브렉퍼스트도 산지 자체는 비슷하지만, 아삼과 케냐를 비롯한 아프리카 지역의 씨티씨 홍차를 듬뿍 사용하여 그 어느 곳보다 깊고 짙다. 한편 북미 지역을 기반으로 한 회사들은 브렉퍼스트 티에 기문이나 운남 등 중국 홍차만으로 블렌딩하는 경우를 자주 보는데, 이는 미국의 독립 전쟁 이후 영국과의 국교 악화와 관계가 있다.

가장 보통의 홍차

대영제국 시절부터 지금까지 유통되는 대부분의 홍차는 각 산지의 농원에서 만든 단일 배치Batch가 아니라 각 지역의 장점을 조금씩 취합하여 가격을 낮춘 블렌디드 티였다. 물론 그 중심에는 브렉퍼스트 티가 있다.

브렉퍼스트 티, 그중에서도 잉글리시 브렉퍼스트 티를 우려주고 차 맛이 어땠냐고 물으면 대부분의 사람들은 그냥 홍차 맛이라고 대답한다. 영국 홍차의 역사가 시작된 이래 일상에 차츰 스며들어온 가장 보통의 차이기에 브렉퍼스트 티는 말 그대로 '홍차 맛 홍차'일 수밖에 없다. 하지만 이 차의 가장 큰 매력 또한 그 보편성에 있다.

매일 찻물을 주전자에 올리는 것으로 하루를 시작한다. 이미 한 몸이나 마찬가지인 이부자리를 매정히 떨치고 미처 잠을 깨치지 못한 둔한 손길로 물을 끓이고 티포트를 꺼내어 고루 데운 다음, 찻잎을 넣고 짧다면 짧고 길다면 긴 삼 분을 몽롱히 기다린다. 탄탄한 풀 보디는 아마 아삼일 테고 코를 간질이는 경쾌한 향기는 실론이려나. 이들 모두를 감싸며 달큰히 아우르는 것은 케냐일 것이다. 어쩌면 말라위거나 탄자니아일지도. 묵직하고 강건하지만 재기 발랄한 아침의 시작이다.

브렉퍼스트 티의 종류야 취향에 따라 조금씩 다르겠지만 지금 이 순간 따뜻한 차 한 잔으로 하루의 문을 여는 이들은 아마 셀 수 없이 많을 것이다. 겨울을 준비하며 차를 사랑하는 이들의 모든 아침을 응원한다.

브렉퍼스트 블렌드

세상의 모든 아침

해로즈 잉글리시 브렉퍼스트 No. 14
Harrods English Breakfast No. 14

건엽
검고 붉은 크고 작은 잎들이 고루 섞인 오서독스 찻잎

엽저
꼬임이 풀어진 밝은 적동색 이파리

수색
붉은빛을 띤 짙은 다갈색

테이스팅 노트. 달고 쌉싸래한 풍미의 풀 보디와 경쾌한 떫은맛 사이를 절묘히 이어주는 빼어난 밸런스. 아삼과 케냐의 탄탄한 구조 위를 자유로이 넘나드는 우아한 홍차의 향기. 우릴 때마다 조금씩 인상이 바뀌어 더욱 매력적이다.

페어링 팁. 스트레이트로 즐겨도 좋고, 영국식으로 한두 티스푼 정도의 우유를 가볍게 더해도 좋다. 영국식 풀 브렉퍼스트를 비롯해 기름기가 부담스러운 식사 어디에도 잘 어울리며 뻑뻑한 클로티드 크림을 얹은 스콘이나 레어 치즈 케이크, 브라우니처럼 묵직한 단맛의 디저트와 곁들여도 훌륭하다.

국가. 영국

퀄리티 시즌. 없음

위치. 런던 나이트브릿지 해로즈 백화점

지리적 특징. 북반구의 비교적 고위도에 위치한 영국은 여름의 짧은 시기를 제외하면 대부분은 쌀쌀한 비가 내리는 춥고 습한 날씨이다. 특히 가을이 지나면 해가 빨리지므로 거듭 마셔도 커피만큼 위장에 부담을 주지 않는 홍차가 대중들 사이에 널리 자리 잡게 되었다.

개요. 가장 홍차다운 홍차. 영국 홍차를 대표하는 블렌디드 티의 걸작. 어떤 음식이든 최고의 케미스트리를 선사하는 티타임의 단골손님.

기원. 이름은 잉글리시 브렉퍼스트이지만 실은 스코틀랜드 에든버러에서 로버트 드라이스데일Robert Drysdale이라는 사람이 처음 만들었다고 전해진다. 그는 영국 전통의 기름기 많은 아침 식사에 어울리는 눈이 번쩍 뜨이는 진한 차를 블렌딩하였고, 이를 브렉퍼스트 티로 사람들에게 소개하였다. 그가 처음 사용하였던 찻잎은 중국에서 온 홍차였지만 그보다 더욱 진한 맛을 내는 인도 아삼과 실론의 저렴한 홍차들이 영국으로 유입되며 점차 중국 홍차를 대신하게 되었다. 브렉퍼스트 티가 널리 알려진 것은 1892년 빅토리아 여왕이 스코틀랜드에 있는 영국 왕실의 여름 별장인 발모럴Balmoral 성에 방문한 이후부터인데, 이 차를 맛보고 매우 호평한 여왕이 런던에 브렉퍼스트 티를 소개하였고 이후 많은 이들에게 인기를 끌게 되었다.

스콘과 홍차, 크림 티

잉글리시 브렉퍼스트 티에 가장 잘 어울리는 단짝에는 퍽퍽한 빵과 과자의 중간쯤 되는 스콘Scone이 있다. 스콘은 강력분으로도 박력분으로도 만들며, 때로는 짭짤한 재료를 넣어 식사를 대신하기도 하는 영국의 전통 과자로 클로티드 크림과 잼을 곁들인 스콘과 함께 차를 마시는 것을 '크림 티Cream Tea'라고 한다.

우유를 끓여 위에 뜨는 크림을 걷어 굳힌 클로티드 크림은 영국 남서부의 데본 지역에서 비롯되었기에, 크림 티는 '데본셔 티Devonshire tea'라고도 불리는데, 영국의 어느 티룸을 가든 꼭 만날 수 있는 메뉴이다. 스콘은 가로로 갈라 크림과 잼을 얹어 먹는데, 디테일에 집착하는 영국 사람들답게 '크림이 먼저냐 잼이 먼저냐'로 열띤 토론이 벌어지곤 한다.

영국식 스콘은 동그란 틀로 찍은 원통형이 기본이다. 그리고 스콘을 세로로 쪼개는 것은 가급적 피해야 하는데, 그랬을 경우 왕좌에 칼을 겨눈 반역자라는 농담을 들을 수도 있다. 이는 그 이름이 스코틀랜드 군주들이 대관식에 사용해온 '스콘의 돌Stone of Scone'에서 비롯되었다고 여겨지기 때문이다. 잼은 딸기나 라즈베리 등의 베리류 과일로 만든 것이 정석이며, 레몬 커드가 함께 나오기도 한다. '천둥과 번개Thunder and Lightning'라고 하여 딸기잼 대신 꿀이나 당밀 등 금빛을 띤 시럽을 스콘에 얹어 크림 티를 즐기기도 한다.

나만의 브렉퍼스트 티 만들기
: 티 블렌딩의 기초

브렉퍼스트 블렌드의 목표는 언제 어느 때고 마셔도 질리지 않는 데일리 티를 만드는 데 있다. 시판되는 제품 중에서 취향에 딱 맞는 훌륭한 차를 찾을 수 있다면 좋겠지만, 한번쯤은 내가 좋아하는 차들로 오직 나만을 위한 완벽한 블렌디드 티를 만들어 보는 것도 좋지 않을까. 집에서 당장 시도해볼 수 있게끔 간단한 가이드를 준비했다.

1. 어떤 차를 만들 것인가

만들고픈 블렌디드 티의 주제를 정한다. 향과 맛 그리고 얼마나 진한지 등 가급적 구체적인 이미지를 그리는 것이 중요하다.

예) 아침에 눈이 번쩍 떠질 만큼 진하지만 부드럽고 마시기 편한 브렉퍼스트 블렌드를 만들고 싶다.

2. 어떤 재료가 필요한가

1번에서 생각한 이미지에 맞는 재료들을 찾아본다. 최대한 나열해 본다음 그중 가장 잘 어울릴 것 같은 재료를 서너 가지 정도 고른다. 재료가 되는 찻잎의 크기는 서로 비슷한 것이 좋으며, 시작하는 단계에는 같은 종류의 차들로 고르는 것이 좋다.

예) 브렉퍼스트 티로 사용할 만한 진한 차로 아삼, 루후나, 케냐, 운남전홍 등을 고른다. 마시기 편해야 하니 가급적 홀 리프 등급으로. 진한 차를 부드럽게 감싸줄 차로 잭살, 기문, 밀향 홍차 등을 꺼내서 각각 향기를 맡고 잎을 자세히 살핀다.

3. 재료를 선택하여 우리기

테이스팅 컵을 사용하여 각각의 재료를 균일한 조건으로 우려낸다. 테이스팅 컵이 없다면 같은 크기의 그릇에 찻잎을 다시백에 담아 우려도 좋다. 동일한 양과 시간이 중요하다.

예) 2번에서 아삼과 루후나 그리고 잭살을 골라 테이스팅 컵에 각각 우린다.

4. 1 : 1 비율로 섞는다

컵이나 작은 볼을 준비하여, 우려진 각각의 재료를 1스푼씩 떠서 섞은 다음 맛을 본다. 이렇게 하면 어떤 재료가 더 들어가고 덜 들어가야 할지 우선 확인할 수 있다.

예) 아삼, 루후나, 잭살을 각각 1스푼씩 섞었더니 잭살의 향기가 생각보다 강했다.

5. 구체적으로 조정하기

4번에서 부족했던 부분을 보완하여 다시 섞어 보며 가장 이상적인 맛의 비율을 찾는다.

예) 아삼과 루후나, 잭살의 비율이 2 : 2 : 1 일 때 가장 만족스러웠다.

6. 찻잎을 섞는다

5번에서 정한 비율로 찻잎을 고루 섞은 다음 우려서 맛을 본다. 잎을 섞을 때에는 전체 양이 10g 이상이 되게끔 늘리는 것이 좋다. 아무리 정확히 계량했다 하더라도 넉넉한 양으로 섞는 것이 블렌디드 티의 풍미를 파악하기 쉽기 때문이다.

예) 아삼 4g과 루후나 4g, 잭살 2g을 섞은 다음, 덜어내어 티 테이스팅 컵으로 우렸다.

7. 세부 조정과 이름 붙이기

6번 단계의 결과가 충분히 만족스럽다면 이대로 마무리하여도 좋고, 추가하고픈 재료가 있다면 조정하여 마무리한 다음 이름을 붙인다.

예) 블렌딩한 맛은 충분히 마음에 들지만, 시각적인 즐거움을 위해 차의 맛에 크게 영향을 미치지 않는 수레국화 꽃잎을 조금 섞어서 완성하였고, 새로운 블렌디드 티에 '푸른 아침'이라는 이름을 붙였다.

小雪

소설

기문
祁門

11월 22일 무렵

첫눈이 오기 직전

이제 좀 겨울답다. 도랑에 살얼음이 얼고 살아 있는 모든 것들이 조금씩 자취를 감춘다. 낙엽이 비에 쓸려간 빛바랜 거리에는 앙상한 가로수만이 남아 더욱 황막하지만, 잎을 떨구고 나면 나무의 일은 모두 끝나기에 허전하기보다 많은 임무를 충실히 완수한 듯 홀가분해 보인다. 그러나 이제 남은 십이월은 축제의 달이라 한 해의 중요한 일정은 가급적 이달까지 마무리 지어야 하므로 그를 부러워할 새도 없이 분주한 나날이 이어진다.

겨울이 선사하는 최고의 풍물시는 역시 눈이다. 소설小雪이라는 이름도 첫눈이 내리는 절기라는 뜻에서 붙여졌다. 눈으로 인해 불편을 겪는 이들도 적지 않지만, 남쪽 지방에서 자라온 나는 눈이 소복이 쌓이는 날이면 나락을 털고 난 마당의 참새마냥 신이 난다.

눈이 쏟아지기 전 바짝 긴장된 공기의 감촉과 그 내음조차 달갑다. 하루가 다르게 기온이 떨어질수록 대기는 더욱 정결해지고, 은단을 머금은 듯 화한 향기가 감도는가 하면 해 질 녘 어스름 너머 밥 짓는 내음이 나른히 섞여 있다. 눈이 가까워 올수록 계절의 체취는 차차 엷어지고 마침내 눈이 내리기 직전의 대기는 첫 출근을 앞두고 빳빳하게 다린 셔츠처럼 희고 소쇄하다. 첫눈을 기다리며 나는 자주 기문 홍차를 떠올리곤 한다.

홍차의 부르고뉴

흔히 기홍祁紅이라 불리는 기문 홍차는 처음부터 서구 시장을 목표로 만들어졌다. 그 무렵 영국령 인도에서는 아삼의 티 플랜테이션들이 어느 정도 자리를 잡아가며 중국 홍차의 아성을 넘보고 있던 시점이었다. 기문의 차농들은 미국과 유럽의 소비자들의 취향에 맞추어 깊은 풍미를 지닌 산화도 높은 차를 만들되 종주국만이 구현할 수 있는 높고 그윽한 향기로 스스로를 부각시켰다.

흥미로운 점은 기문 홍차가 중국에서 처음 만들어진 홍차도, 유럽 사회에 처음으로 소개된 차도 아니었음에도 불구하고 현재까지 중국을 대표하는 홍차로 가장 널리 알려져 있다는 것이다. 지금도 유럽 티 브랜드에서 중국 홍차를 재료로 사용하였다고 하면 대부분 기문 홍차를 의미할 정도다. 기문의 차농들이 벤치마킹했던 강서성의 녕홍寧紅이나 복건성의 민홍閩紅이 기문 홍차의 등장 이전에 서구 시장에서 콩구工夫, Congou라는 이름으로 인기를 끌었던 것을 생각하면 아이러니한 일이다.

아삼과 실론에서 만들어진 차들이 저렴한 가격과 합리적인 품질로 대중을 사로잡는 동안 기문 홍차는 이들 산지와는 사뭇 다른 매력으로 '홍차의 부르고뉴Bourgogne'라 불리며 영국 상류층에 깊이 파고들었다. 엘리자베스 2세 여왕을 비롯해 영국 왕실에서 가장 즐겨 마시는 차도 기문 홍차로 전해진다.

사과와 눈송이의 맛

11월이 반 정도 지났을 무렵 갑자기 기문으로 향한 적이 있다. 겨울이 가까워 오니 모처럼 맛있는 기문 홍차를 마시고 싶다는 단순한 이유였던 것 같다. 10월이 지나면 기문의 거의 모든 차 공장들이 생산을 중단하고 3월까지 휴경기에 접어드는지라 지금 가봤자 딱히 볼 만한 것은 없을 터였다.

차 회사에서 관광객들을 대상으로 운영하는 숙소에 손님이라고는 우리뿐이었고 머무는 내내 구름이 낮게 깔린 흐린 날씨가 이어져 텅 빈 거리가 더욱 스산하였다. 수소문 끝에 과거 국영 차창에서 차를 만들던 분을 찾아 기문 홍차 한 잔을 청하였다. 금빛 실오라기를 섞어 꼼꼼하게 만 듯한 검고 윤이 나는 작은 찻잎은 예전에 보았던 모습 그대로였고 밝은 벌꿀색 테두리를 두른 말간 홍시빛 찻물이 마치 살아 있는 듯 잔 속에서 찰랑이고 있었다. 불기운이 스친 은근한 꽃의 흔적에 잇따르는 새콤하고 향그런 내음에 기시감을 느끼며 한 모금 입에 머금자 꿀물처럼 진득하고 서늘한 차가 마들렌 조각이 녹아든 홍차 한 스푼처럼 해묵은 추억을 환기시켰다.

과수원 한가운데 있던 시골집은 눈이 내리는 날이면 더욱 고요했다. 아궁이에 장작이 쉼 없이 타들어가고 문밖의 추위가 무색하게 절절 끓는 아랫목은 너무 뜨거워서 나는 자꾸 가장자리로 굴러가곤 했다. 문지방 옆에는 할머니가 손주를 위해 골라 놓은 향그런 사과가 언제나 광주리 가득 놓여 있었고, 눈송이를 먹겠다고 하늘을 보며 뛰어다녀도 입안으로 들어오는 것보다 눈을 찌르는 것이 더 많아 지쳐 돌아온 나는 눈송이 대신 달콤한 사과를 껍질째 씹었다. 내 뺨만큼이나 붉게 달아오른 사과에서는 쌉쌀한 껍질의 맛 뒤로 늦여름의 금목서와 학교 담벼락의 장미가 시들어가는 내음이 설핏 감돌았지만 차갑고 달콤한 과즙에 이내 쓸려갔다. 나중에 어른들 몰래 퍼먹어본 눈의 맛은 그때 먹은 사과의 맛과 조금 비슷한 것 같았다.

아버지도 기문에서 홍차를 만드셨다고 이야기하는 장인의 말에 다시 현실로 이끌려 돌아와 보니 그의 곁에는 꼭 회상 속의 내 또래쯤 되어 보이는 아이가 우리를 바라보고 있었다. 차를 마신 다음 차밭이 있는 완만한 산등성이를 함께 걸으며 이제 곧 은퇴할 예정이라고 말하는 그는 그의 아버지가 그랬듯 아들에게 이 일을 물려주려 한다고 하였다. 큰 이변이 없는 한 조금 전 만났던 아이가 다시 그 뒤를 이을 것이다.

서울에 도착한 날은 바로 소설이었다. 영화 속 장면처럼 비행기에서 내리자마자 눈꽃이 날리기 시작했다면 좋았겠지만 물론 그런 일은 없었고 대신 나는 그해의 기문 홍차에 소설이라는 이름을 붙여주었다. 연말의 분주함이 버거울 때면 차꽃이 만개한 십일월의 기문을 떠올리곤 한다. 새큼하고 알싸한 꽃내음 사이로 벌이 분주히 날고 안개 너머 이름 모를 새가 우는 차밭 한가운데 홀연히 꿈인 양 깨고프다.

기문

부르고뉴 와인을 닮은 홍차

건엽
금빛 싹이 윤기 나는 검은 찻잎과 함께
단단히 꼬여 있는 작고 가느다란 잎

엽저
연하고 부드러우며 초벌구이한 토기 빛깔

수색
늦가을의 붉은 햇살을 닮은 담홍빛

테이스팅 노트. 말린 장미와 목서, 무화과. 홍옥의 껍질에서 나는 달고
향그런 내음. 라이트-미디움 보디. 가볍게 스치는 우디 뉘앙스와 달고
나의 풍미 그리고 마다가스카르산 카카오닙. 높고 청아한 향기와 쓰거
나 떫지 않고 감미로운 풍미.

페어링 팁. 스트레이트로도 좋고, 조금 진하게 우린 다음 영국식으로 우
유를 아주 조금만 넣은 밀크티가 우아하다. 타르트 타탕이나 오렌지
무스처럼 새콤달콤한 과일이 든 디저트 그리고 모든 산지의 빈투바 초
콜릿과 잘 어울린다.

국가. 중국

퀄리티 시즌. 6~8월 / 4월에서 10월까지 채엽

위치. 안휘성 기문현 역구歷口와 섬리閃里, 평리平里일대

지리적 특징. 평지부터 해발 고도 600~700m 정도의 구릉지대 언저리에 대규모 차밭이 자리 잡고 있다. 곳곳에 숲이 우거져 있으며 일 년 내내 기온이 온화한 편으로 한겨울에도 영하로 내려가는 일이 드물고 연평균 강수량은 1600mm 내외로 넉넉하다. 기문뿐 아니라 인근의 지주池州와 동지東至에도 차밭이 넓게 펼쳐져 있으며 이곳에서 생산한 차도 기문 홍차로 유통된다.

개요. 전 세계인들에게 가장 널리 알려진 중국 홍차의 대표. 중국 10대 명차 중 유일한 홍차. 꽃과 핵과류 과일 그리고 꿀 내음이 섞인 기문향으로 유명하며 홍차의 부르고뉴 와인이라 불린다. 인도와 스리랑카 홍차에 맞서 중국 홍차의 위치를 공고히 한 종주국의 자존심.

기원. 기문 남쪽의 평리진 귀계 출신의 호원룡(1836-1924)은 이 지역의 향리 출신으로 일찍이 이 일대의 산을 개간하여 차밭을 조성하고, 녕홍공부寧紅工夫의 제법을 바탕으로 홍차를 만들기 시작했다. 한편 같은 1875년 복건성의 관리로 일하며 홍차의 인기를 실감했던 여간신餘幹臣은 고향으로 돌아와 안휘성 동지 지덕현에 차 회사를 설립하였고, 이듬해 1876년 기문의 력구歷口와 섬리閃里로 사업을 확장하였다. 비슷한 시기에 기문 북쪽의 지주에서도 홍차를 생산하기 시작했는데 셋 중 어디가 가장 먼저인지는 시기상 모호하다.

기문은 현지에서 치먼Qimen으로 발음되는데, 차를 실어다 유럽으로 판매하던 이들의 민남 방언으로 옮겨지며 해외에 키먼keemun으로 소개되었다.

Cha ^{절기와}^차

21

스물한 번째
절기

大雪

대설

다르질링 오텀널
Darjeeling
Autumnal

12월 7일 무렵

눈 속에 잠들다

소리 없는 기척을 느끼고 커튼을 걷으니 어김없이 눈이 오고 있었다. 홀린 듯 창가에 다가 앉으니 어둠 너머에서 적막이 말을 걸어온다. 깊은 물에 잠기었다 수면에 올라온 듯 귀가 먹먹하다. 주변을 둘러싼 모든 것들이 두꺼운 솜이불에 감싸인 듯 뺨을 감싸는 공기마저 달콤하고 안온하다.

대설이 들어 있는 음력 11월이면 한 해의 농사도 겨울 준비도 얼추 마무리되기에 대부분의 농가들은 짧은 휴식에 들어간다. 어차피 눈과 추위로 집 밖에서는 할 수 있는 일이 많지 않다. 완전히 겨울로 접어드는 이 무렵 내리는 눈은 보리의 이불이라고 부른다. 포근히 쌓인 눈이 밀과 보리 싹을 덮어 얼지 않게 도와주고 땅속의 지렁이와 이로운 미생물들이 함께 겨울을 날 수 있게끔 한다.

눈이 충분히 내려야 이듬해 풍년이 든다고 믿었기에 과거에는 음력 11월과 12월에 눈이 내리지 않으면 기설제祈雪祭를 지내기도 하였다. 이 무렵이면 다르질링의 티 팩토리도 잠시 쉬어간다. 고단한 한해살이를 마친 히말라야 산비탈의 차나무들은 지금쯤 포근한 눈 이불을 덮고 곤히 잠들어 있을 터. 차나무가 동면에 들어가기 전 마지막으로 만날 수 있는 차가 바로 다르질링 오텀널이다.

빛의 축제

마치 우리나라의 음력처럼 인도의 국교인 힌두교에서도 달이 차고 기우는 것을 기준으로 하는 힌두력이라는 달력을 사용한다. 10월 말에서 11월 초순 사이 여덟 번째 초승달이 뜨는 날이 한 해의 시작이 되며 이날을 전후로 한 5일 동안 인도 전역에서 일 년 중 가장 큰 축제가 열린다.

산스크리트어로 빛의 축제라는 의미의 디왈리Diwali는 우리에게는 길상천吉祥天이라는 이름으로 익숙한 부와 풍요의 여신 락슈미Lakshmi를 기리는 새해맞이 축제로, 고대 인도의 추수제에서 비롯되었다. 사악한 기운을 몰아내기 위해 곳곳에 등을 켜고 여신을 맞이하는 랑골리Rangoli라는 아름다운 문양을 바닥에 그리며 폭죽을 터뜨리고 불꽃놀이를 즐기는 이 떠들썩한 축제가 가까워지면 길었던 비의 계절이 끝나고 마침내 다르질링에 가을이 찾아온다.

중간에 우기가 끼는 바람에 우리나라의 가을보다 다소 늦은 감은 있지만, 일 년 내내 구름과 안개에 둘러싸여 있는 다르질링에서 드물게 맑게 갠 하늘을 볼 수 있는 시기이면서 세 번의 퀄리티 시즌 중 그나마 가장 여유로운 때라 다르질링 다원을 방문하고자 하는 여행자들에게 가장 추천하는 계절이기도 하다. 그렇게 디왈리의 일렁이는 불빛 아래서 세 번째 제철을 맞은 다르질링 차 싹이 고요히 피어난다.

겨울잠처럼 달콤한

어떤 사람들은 퍼스트 플러시가 제일이고 그다음이 세컨드 플러시, 가장 품질이 떨어지는 차가 오텀널이라 여기기도 한다. 하지만 다르질링의 세 퀄리티 시즌은 계절의 맛과 개성이 담긴 각기 다른 제철이다. 싱그러운 퍼스트 플러시와 원숙한 세컨드 플러시, 그리고 오텀널은 일 년 중 가장 다르질링이 달콤해지는 시간이다.

빛의 축제 무렵 늦가을 볕에 무럭무럭 자란 찻잎들은 겨울이 가까워질수록 더욱 달고 우아해진다. 다르질링의 차나무들이 히말라야의 혹독한 겨울을 나기 위해서는 든든히 영양분을 채워두어야 하는데 일반적으로 식물이 에너지로 소비하는 물질이 탄수화물을 비롯한 당분이기 때문이다.

다른 시즌에 비해 쓰고 떫은맛이 적고 단맛이 오래 남아 이제 막 홍차를 즐기기 시작하는 이들에게 권하는 차이기도 하다. 심지어 앞서 설명한 이유로 평가 절하된 탓에 가격 대비 품질이 매우 뛰어난 것도 오텀널 시즌이 기다려지는 이유 중 하나다.
늦가을에 수확해 한겨울에 마시는 다르질링의 맛은 늦잠의 자유를 누릴 수 있는 휴일 아침 이부자리의 포근함을 닮았다. 오롯이 나의 체온으로 따땃이 데워진 이불 폭에 돌돌 감겨 귤을 까먹고 만화책을 뒤적이는 겨울 방학의 추억이 떠오른다.

갓 구운 브리오슈와 잘 마른 솜 이불에서 나는 햇살의 향기이고 도토리와 개암 혹은 낙엽이 삭은 흙이면서 첫눈이 오기 직전 긴장한 겨울 공기의 내음이기도 하다. 눈 모자를 쓴 동백꽃이 떠오를까 싶으면 마치 환영처럼 지난여름의 장미가 어른거린다. 어쩌면 다르질링 오텀널은 길고 긴 겨울밤 차나무가 꾸는 꿈일지도 모른다.

눈이 오는 날은 어쩐지 차가 맛나다. 눈이 지닌 물성처럼, 현실에서 한 발짝 뒤로 물러서서 일상과 멀어지고 싶을 때 나는 특별히 정성을 다해 차를 우린다. 흰 솜털이 보송보송한 백호은침도 좋고 언제나 반가운 아삼도 좋지만 너무 무겁지 않고 다정한 맛이 나면 좋겠다.

여신의 축복 아래 자란 찻잎에 담긴 가을 햇살을 뒤늦은 러브레터를 펼쳐 보듯 소중히 한 모금 한 모금 맛본다. 마음속에 세찬 눈보라가 몰아치는 그 어떤 날에도 다르질링 오텀널이 나를 달콤하게 위로해줄 것이다.

다르질링 오텀널

달고 깊은 다르질링

다르질링 오텀널 고팔다라 다윈 레드 썬더

Darjeeling Autumnal Gopalpahra Tea Estate Red Thunder

건엽
금빛 새순이 희미하게 보이는 갈색과
검붉은 빛의 비교적 커다란 찻잎

엽저
어두운 다홍빛과 어두운 풀색이
섞여 있는 찻잎

수색
엷게 자줏빛이 도는 맑은 적갈색

테이스팅 노트. 혀에 거슬리지 않는 푸딩처럼 부드러운 촉감. 미디움 보디. 말린 망고와 용과, 카네이션과 프림로즈. 무이암차처럼 그윽하고 샤토 디켐 와인처럼 농밀한 맛과 향기.

페어링 팁. 구아바나 파파야, 망고스틴과 같은 열대 과일이나 이를 사용한 무스 케익과 잘 어울린다. 와인 소스를 곁들인 오리 콩피나 버섯 요리와의 페어링도 좋다.

국가. 인도

퀄리티 시즌. 10월 중순~11월

위치. 웨스트벵갈주 다르질링 미릭 밸리Mirik Valley

지리적 특징. 고팔다라 다원은 네팔 국경과 마주하고 있는 다르질링 동쪽의 미릭 호수 인근에 위치한 800에이커에 달하는 대규모 다원이다. 대부분의 다원이 1700m에서 2000m에 분포한, 다르질링에서 평균 해발 고도가 가장 높은 다원이기도 하다. 경사는 다소 완만하나 호수와 하천이 가까이 있어 자주 안개가 낀다.

개요. 11월 말에 채엽한 개량종으로 만든 열대 과일의 향기와 감미로운 풍미를 지닌, 쓰고 떫은맛이 없는 가을 다르질링.

기원. 1881년 사히브Sahib 가문에 의해 조성되었다. '고팔Gopal'은 이 지역을 소유한 사람의 이름이고 '다라Dhara'는 네팔어로 작은 시내라는 뜻으로 고팔이 소유한 시내가 흐르는 땅이라는 의미이다. 1950년대 초이후 지금까지 로히니 다원과 함께 사리아Saria 가문에서 운영하는 소나 티 그룹Sona Tea Group이 소유하고 있다. 사리아 가문은 일찍이 중국의 제다 기술을 다르질링에 도입해 현재 홍차뿐 아니라 다양한 차들을 선보이고 있다.

(위에서부터) 다르질링 오텀널, 다르질링 세컨드 플러시, 다르질링 퍼스트 플러시

스물두 번째
절기

冬至

동지

보이숙차

普洱熟茶

12월 21일 무렵

영원한 밤의 날

선잠에서 깨어나니 사방이 온통 캄캄했다. 깨어 있는 이는 나 혼자뿐인 듯 고요했고 아무것도 보이지 않아 눈을 뜨고 있는지 감고 있는지조차 알 수 없었다. 달빛 한 줌 없는 새카만 그믐이었다.

창 너머는 누군가 거칠게 칠해놓은 듯 온통 검었고 끝없이 이어진 지평선 너머를 텅 빈 어둠이 빨아들이고 있었다. 점점이 뿌려진 별들로 간신히 하늘과 땅을 구분할 수 있었지만 어쩌면 별이 아니라 창문을 뒤덮은 먼지였을지도 몰랐다. 기차는 주문을 외듯 일정하게 흔들렸고 이에 승객들의 곤히 잠든 숨소리가 제법 근사한 대구를 이루는 것을 얄궂게 여기며 속절없이 눈을 감았다. 뫼비우스의 띠처럼 영원히 이어질 것 같은 밤이었다.

끝나지 않을 듯한 밤의 날, 동지의 밤은 일 년 중 가장 길다. 옛사람들은 이날 해가 죽고 다시 태어난다고 여겼고, 오늘날 설에 떡국을 먹듯 동지에 새알심을 넣은 팥죽을 먹으며 새로운 한 해를 축하하였다. 작은 설이라는 의미에서 아세亞歲라고 불렸으나 본래 고려 말기까지만 해도 동지가 새해의 첫날이었다.

우리나라를 비롯한 동아시아뿐 아니라 그리스나 로마, 페르시아와 같은 서구를 대표하는 고대 국가들에서도 동지는 어둠 끝에 돌아온 빛을 상징하는 중요한 날이었다. 기독교 최대의 축제인 크리스마스가 동지 어귀인 12월 25일인 것도 이러한 맥락에서다.

하나이면서 둘

십이월이 저물어 가고 겨울이 무르익어 가는 정의되지 않은 밤의 어느 지점에서 나는 새카만 보이숙차普洱熟茶를 떠올린다. 차의 역사가 시작된 이래 보이차만큼 논란의 중심에 있던 것이 있을까. 효능만 읊자면 만병통치약이고 시중에 판매되는 제품 대부분이 가짜라고 하는 이들도 있는 반면 오래 묵힐수록 가치가 더한다 하여 '마실 수 있는 골동품'이라 불린다.

보이차는 중국 운남성의 남서쪽에 위치한 보이普洱시에서 비롯된 이름이다. 보이는 차나무가 자라는 곳은 아니지만 운남성 각지의 차밭에서 만들어진 차들이 모이는 집산지였다. 모카 커피로 알려진 예멘의 모카Iocha항을 떠올리면 될 것이다.

보이차는 크게 두 번의 제조 공정을 거치는데, 앞부분은 동일하지만 그다음 과정의 차이에 따라 생차生茶와 숙차熟茶로 나뉜다. 첫 번째 공정을 마친 보이차를 쇄청모차曬靑毛茶라고 하는데, 여기서 쇄청은 햇볕에 말린다는 뜻이고, 모차는 어떤 차를 만들기 위한 밑작업을 의미한다. 차 자체로 보자면 일광 건조시킨 녹차지만, 이 차를 그냥 녹차로 부르지 않는 데는 이유가 있다.

일반적으로 녹차를 만들 때는 열을 충분히 가하여 찻잎이 더이상 산화되지 못하게끔 하는 것이 중요하지만 생차든 숙차든 보이차의 가장 중요한 부분은 가공 후 숙성을 염두에 둔다는 것이다. 그래서 쇄청모차를 만들 때에는 효소의 활동을 일단 멈추되 완전히 성질을 잃지 않게끔 솥에 덖고 운남의 화창한 햇살 아래 찻잎을 말린다. 다른 차들처럼 열풍으로 건조시키면 더 이상 보이차라 부를 수 없을뿐더러 그대로 숙성시켜 봤자 묵은 녹차에 지나지 않는다.

생차와 숙차를 구분 짓는 2차 가공에는 찻잎의 모양을 잡는 과정도 포함되어 있다. 찻잎에 증기를 쐰 다음 무거운 것으로 눌러 최대한 부피를 줄이고 운반에 편리하게끔 모양을 잡는다. 이렇게 만들어진 차가 긴압차緊壓茶다. 네모난 벽돌처럼 생긴 것부터 손잡이가 달린 버섯 모양까지 크고 작은 다양한 형태가 있지만 그중 가장 보편적인 것이 보이차라고 하면 누구나 가장 먼저 떠올리는 납작한 원반 모양이다.

한편 모양을 잡기 전 찻잎이 낱낱이 흩어져있는 형태를 산차散茶라고 한다. 보이생차는 1970년대 이전까지 만들어지던 전통적인 방식의 보이차로, 긴압차든 산차든 쇄청모차를 성형하는 것에서 제다 과정이 끝난다. 완성된 보이생차는 그대로 마셔도 좋지만 시간의 흐름에 따라 서서히 익어가며 그 가치를 더한다.

1970년대 이전에 운남 지역에서 만들어진 모든 보이차들은 생차였으며, 차를 숙성시키는 것은 상인들이 할 일이었다. 창고에 보관하며 10년 이상 숙성시키는 것이 보통이지만 어떤 이들은 찻잎에 물을 뿌려 발효시킨 다음 오래된 보이차로 속여 팔기도 하였다. 그렇기 때문에 소비자들은 좀 더 안정적이며 믿을 수 있는 품질의 숙성된 보이차를 원했고 이에 1973년 운남성차엽공사에서는 광동성과 홍콩의 사례를 참조하여 쇄청모차의 푸른 찻잎을 짧은 시간 안에 검게 발효시키는 방법을 찾게 되었다. 이것이 바로 보이숙차다.

홍차의 찻잎이 검은 것은 효소에 의한 산화지만 보이숙차를 만들기 위해서는 미생물의 활약이 필요하다. 우선 쇄청모차를 각각 1m 가까운 높이로 수북하게 쌓은 다음 물을 뿌리고 일정 시간마다 뒤섞어준다. '악퇴渥堆'라고 불리는 후발효 과정이다. 이렇게 적당한 온도와 습도를 유지하면 그 안에서 유익한 성분을 만드는 균들이 자라며 차를 진하고 부드럽게 만든다. 흔히 만날 수 있는 고동빛 수색을 띤 보이차는 대부분 이렇게 악퇴 과정을 거쳐 발효된 것이다.

시간을 마신다

녹차의 맑은 향이나 홍차의 명랑한 풍미와 달리 보이숙차는 몹시 이질적이다. 차라고 하면 꽃이나 과일이 연상되는 화사한 아로마를 선뜻 떠올리는 이들에게는 보이생차 쪽이 취향에 맞을 것이다. 다만 보이숙차에는 단숨에 응축된 농밀한 시간의 맛이 있다. 코끝에 닿는 향기는 차라기에는 낯설지만 언젠가 맡았던 익숙하고 그리운 내음이다.

오랜 세월을 버티며 속이 비어버린 나무들이 이끼 위로 스러지고 산짐승들에게 잊힌 열매들이 젖은 낙엽에 파묻혀 흙으로 돌아간다. 꽃도 이파리도 없이 황량하지만 나뭇가지 끝에 혹은 바위 아래에서 봄이 잠들어 있는 겨울 숲이 찻잔 안에 있다.

때로 그는 밤의 도서관이다. 방문객들이 떠난 자리에 침묵이 뻐근히 채워지면 고서를 품은 해묵은 서가들이 그제서야 밭은 숨을 뱉는다. 손가락에 닿는 책장의 마른 감촉과 낡은 종이의 달큼한 내음을 따라 책에서 책으로 이동하는 동안 하룻밤은 영원이 되고 시간의 궤적이 차에 남아 나선의 여운을 그린다.

홍차에 익숙하다면 차가 아니고 커피였나 싶을 만큼 짙은 수색에 지레 겁을 먹을지도 모르겠다. 잔을 가까이 가져와 들여다보면 과즙으로 만든 젤리처럼 가벼운 점성이 있어 아슬아슬하게 찰랑인다. 망설임을 접고 일단 한 모금 넘기고 나면 떫고 쓰기는커녕 깊은 단맛이 비단 실로 짠 융단처럼 혀를 감싸는 매끄럽고 우아한 촉감에 놀라게 될 것이다.

보이숙차는 그믐의 자정 어귀처럼 캄캄하고 어둠 저편처럼 낯설지만 밤이 우리에게 주는 안식처럼 달콤하고 포근하다. 저마다 각자의 공간에 들어가 하루의 때를 벗고 휴식을 취하는 이 시간은 지극히 사적인 물성을 띤다. 타인과 더불어 외부와 소통하는 것이 낮이라면 밤은 내면으로 침잠하여 자신과 이야기 나누는 오롯한 나만의 영역이다.

때로 삶에도 예기치 못한 땅거미가 내려앉는다. 발끝조차 보이지 않아 어디로 내디뎌야 할지 막막할 때 마시는 보이숙차 한 잔은 밤의 엄혹함을 넘어 그가 선사하는 내밀한 평온을 다시금 떠올리게 할 것이다. 그리고 어느새 눈이 어둠에 익숙해지면 그 너머에서 새로운 자신과 마주할지도 모를 일이다.

보이숙차

밤처럼 새카만 후발효차

건엽
암갈색의 꼼꼼히 말린 찻잎

엽저
어두운 고동색

수색
약간의 점성이 있는 자줏빛 도는 짙은 붉은색

테이스팅 노트. 이끼 낀 나무와 버섯, 마른 볏짚 그리고 젖은 흙과 가죽의 내음. 파촐리와 감초 그리고 아주 가벼운 바닐라와 코코아. 시간차를 두고 돌아오는 단맛이 인상적인 농후한 풀 보디.

페어링 팁. 스트레이트가 기본이지만 밀크티로도 애용된다. 만두나 딤섬은 물론, 불고기나 갈비구이 등과도 잘 어울리며 발사믹이나 간장을 더한 요리와도 추천한다. 치즈나 초콜릿이 든 디저트도 좋다.

국가. 중국

퀄리티 시즌. 봄과 가을

위치. 운남성 서남부 서쌍판납과 보이普洱, 임창臨滄, 보산保山 일대

지리적 특징. 티베트에서 시작되어 베트남으로 빠져나가는 메콩강의 상류인 란창강을 중심으로 미얀마와 라오스의 국경 인근에 주요 산지들이 자리 잡고 있다. 그중에 가장 남쪽에 위치한 서쌍판납은 가장 먼저 보이차 재배를 시작한 곳으로, 이곳에서 북쪽으로 보이, 임창, 보산으로 올라갈수록 평균 해발 고도가 높으며 기온과 강수량은 조금씩 떨어지지만 대다수의 지역이 온난다습한 아열대 기후에 속한다.

개요. 코코아와 흙, 오래된 나무가 연상되는 특유의 숙성된 내음을 지닌 홍갈빛 수색의 보이차. 1973년에 처음으로 등장한 후발효 공정인 악퇴 과정을 거쳐 만들어진다.

기원. 운남성 일대는 차나무의 고향이며 가장 오래된 야생차 군락지가 있는 곳이기도 하지만, 실제 우리가 알고 있는 형태의 보이차가 등장한 것은 생각만큼 오래된 일이 아니다.

순치 18년(1661)부터 티베트의 말과 운남 지역의 차를 교환하는 차마호시車馬互市가 시작되었고, 뒤이어 즉위한 강희제(재위 1662~1722) 때부터 보이차가 황실에 진상되기 시작했다. 신정부가 계획경제 하에 운영하던 차창들은 1994년 하관차창을 시작으로 이제 모두 민간 회사로 전환되었으며 우리나라에서도 흔히 만날 수 있는 보이차 브랜드 대익大益, TAE TEA 또한 2004년 맹해차창이 민영화되면서 만들어진 회사이다.

Cha 절기와 차

23

스물세 번째
절기

小寒

소한

준 치야바리
Jun Chiyabari

1월 5일 무렵

작은 추위의 날

빨강과 초록, 색색의 장식과 반짝이들은 다 어디로 갔을까. 새해가 시작된 지 겨우 일주일도 되지 않았는데 '메리 크리스마스'니 '해피 뉴 이어'니 모두 시들하다. 새로운 한 해가 시작되었다는 흥분과 설렘은 바람 빠진 풍선마냥 쪼그라들어 어디론가 사라지고 세상은 다시 무채색으로 얼어붙었다. 불과 한 주 전 사람들이 밀물처럼 쏟아지던 시끌벅적한 거리가 마치 꿈만 같다.

새해가 지나고 처음으로 맞는 절기인 소한은 이름과는 달리 일 년 중 가장 추운 날이다. 오죽하면 '대한이 소한 집에 가서 얼어 죽는다'는 말이 있을까. 이렇게 추운 날에는 가급적 바깥 활동을 줄이는 것이 최선이지만 밥벌이의 숙명은 그리 호락호락하지 않다. 고단한 몸을 일으켜 간신히 문을 나서지만 겨울 공기 사이에 의태한 기생 생물이라도 사는 양 한 걸음 한 걸음 옮길 때마다 허공으로 기력이 쭈욱 빨려나간다.

가까스로 집에 돌아와 상수上壽를 맞은 노인처럼 손을 떨며 주전자에 물을 올린다. 잘 예열된 티포트에 어떤 차를 넣어야 할지는 이미 정해져 있다. 그 어디에도 거슬리지 않고 나긋나긋 흘러 들어와 몸 안 구석구석 스며들어 따뜻이 데우고 때로는 영혼마저 환히 밝혀주는 달고 향그런 차. 한겨울 퇴근길을 재촉하게 하는 나의 위시 리스트 가장 윗줄에는 언제나 네팔 준 치야바리의 차가 있다.

다르질링을 넘어

네팔의 차라고 하면 막연히 다르질링의 모조품 정도로 알고 있을지도 모르겠다. 아주 틀린 이야기는 아니다. 1863년 네팔에서 처음으로 차나무를 심었던 일람Ilam 지역은 인도 국경과 인접한 네팔의 동쪽 끄트머리로, 다르질링 미릭Mirik 지역의 고팔다라나 타르보, 오카이티 다원의 높은 곳에 올라 히말라야 능선을 따라 서쪽을 바라보면 어렵지 않게 일람의 차밭들을 찾아 볼 수 있다.

네팔 지역의 퀄리티 시즌이 다르질링보다 일주일에서 보름 가량 늦어지는 경우가 많기에 나의 여정은 언제나 다르질링의 미릭 밸리에서 시작된다. 해가 뜨기 전에 일어나서 어스름 진 산등성이를 터덜터덜 내려간다. 인도와 네팔의 경계가 되는 메키Mechi강을 건너고 나면 해가 중천이다. 테라이 평원의 잘 다듬어진 다원들 사이를 달리며 코끼리를 조심하라는 팻말을 흥미롭게 바라보다 보면 어느새 차밭은 사라지고 흙먼지 날리는 번잡한 시가지 너머 이내 가파른 산길이다. 숲이 우거져 어두운지 아니면 벌써 해가 지고 있는지 어쩌면 그냥 어지러울 뿐인지 헷갈릴 무렵 마침내 산비탈 사이로 자리 잡은 차밭들의 익숙한 풍경이 눈에 들어오면, 내가 네팔에서 가장 사랑하는 다원이 보인다. 준 치야바리, 이곳의 언어로 '달빛 다원'이다.

달빛 다원에서

준 치야바리의 오너인 갸왈리Gyawali 형제는 경영자일 뿐 아니라 차에 대해 누구보다 깊고 넓은 통찰을 가지고 있는 전문가로,

형인 로찬Lochan은 일 년의 절반 이상을 다양한 나라에서 몇 세대를 걸쳐 차를 만들어오고 있는 장인들과 함께 보낸다.

처음 준 치야바리를 방문했을 때 나는 인도와 스리랑카에서 만들어내는 그저 흉내만 낼 뿐인 조악한 품질의 녹차와 청차 그리고 백차에 신물이 나던 차였다. 이러한 차들을 만드는 일은 티 플랜테이션의 대량 생산 시스템 하에서 홍차를 만드는 것과는 전혀 다르다는 것을 대부분의 경영자들은 이해하려 들지 않았다. 사실 맛없는 차에 대한 실망보다는 중국에서 시작되어 우리나라와 일본에까지 이어져온 동아시아의 차 문화에 대해 그들이 전혀 관심이 없다는 점이 서글펐던 것 같다. 때문에 준 치야바리에서 홍차와 더불어 몇 가지 차를 나에게 소개하였을 때도 썩 내키지 않을 수밖에 없었다.

하지만 그들이 만든 차는 6가지 차의 종류 각각이 지닌 특징과 맥락이 뚜렷한 것은 물론, 네팔의 건강한 테루아와 다르질링에서 비롯된 차나무들이 지닌 개성이 맛깔나게 어우러진, 지금까지 본 적 없는 새로운 차였다. 준 치야바리에 와서야 나는 대영제국이 구축하고 피지배국의 남겨진 이들이 일구어간 티 플랜테이션의 미래를 좀 더 구체적으로 상상할 수 있게 되었다.

준 치야바리를 찾는 방문객들은 적어도 나흘 이상은 머물며 짧게나마 이곳에 물들어야 한다. 매일 새벽 3시에 일어나 위조 작업이 끝난 차가 유념기에서 비벼지는 것을 지켜보고 막 완성된

드라이어 마우스Drier Mouth(막 건조 작업을 끝낸 선별 작업 전의 차)를 시음한 다음 함께 식사를 하고, 다섯 구역에 흩어져 있는 차밭들의 가파른 능선을 오르내린다.

준 치야바리에 머무는 동안은 나도 그들의 일부가 된다. 카트만두의 사무실과 단쿠타의 티 팩토리를 함께 돌보는 동생 바찬Bachan은 이곳에서 일하는 모든 이들을 포함하여 공장의 나사 하나까지 준 치야바리의 모든 것들을 아끼기에, 그 어떤 중요한 인물이 오더라도 이곳을 사진 두어 장 찍고 금세 돌아가는 관광 거리로 만들고 싶지 않다고 한다. 차뿐만 아니라 차를 만들기까지의 모든 과정에 대한 진지한 자세와 진심 어린 마음이 사뭇 느껴진다.

따스한 감로

준 치야바리의 가장 빼어난 차는 늦가을부터 겨울의 입구에 만들어진다. 건조한 날씨가 며칠이고 이어지며 차츰 기온이 떨어지는 이 시기에는 새순이 천천히 자라며 차 성분들이 차곡차곡 쌓인다. 그리고 동면기에 대비하여 최대한 영양분을 비축해야 하므로 눈이 본격적으로 내리기 전까지 찻잎은 더욱더 농밀해진다. 다르질링 오텀널과 비슷한가 싶기도 하지만 이곳만의 지역적 특징에 노련한 준 치야바리의 솜씨가 더해져 한 해 중 가장 깊고 짙은 향기를 지닌 차가 만들어진다.

예열한 티포트에 찻잎을 넣을 때 나는 향기는 마치 다르질링 세컨드 플러시의 무스카텔이 연상되기도 하지만 우리고 나면 좀 더 백호오룡에 가까운 우아함이 더해진다. 제비꽃과 클로버 꿀의 농밀하고 고혹적인 향기를 바탕으로 잘 익은 부케가 차의 달큰한 풍미에 겹겹이 덧입혀져 마실수록 새롭다.

　　호박빛 찻물은 부드러운 젤리처럼 말캉거리며 혀를 감싸고 꼬리를 무는 여운이 길게 남아 계속 침을 삼키게끔 한다. 실론 홍차의 명징한 맛은 아니지만 여름이 끝나갈 무렵 서쪽에 걸린 따스한 햇살 한 조각을 삼킨 듯 뱃속이 후끈하게 밝아지는 듯하다. 빈속인데도 걸리는 곳 없이 불끈 힘이 솟는다. 신들이 마신다는 감로甘露가 이런 맛일런지.

　　소한의 추위는 꾸어서라도 한다 했다. 공기마저 얼어붙을 듯한 작은 추위의 날이 더욱 매몰차질수록 봄은 더욱 포근하고 아름다우리라 믿었던 옛 어른들의 말씀에는 무탈하게 이 계절을 나고자 하는 간절한 소망이 담겨 있다.

　　한겨울의 시련조차 다가올 봄을 위한 밑거름으로 삼으려한 선조들의 모습에서 가짜 다르질링이라는 오명을 딛고 지난 이십년 이상 누구도 가지 않은 길을 앞서 밝혀온 준 치야바리 다원을 떠올린다. 제국주의 아래 개척된 티 플랜테이션을 넘어 유구한 역사를 지닌 동아시아 차의 전통과 어깨를 마주하며 우리가 지금까지 맛보지 못했던 새로운 차의 역사를 열어나갈 그들을 축원한다. 이 따스한 감로를 마시고 함께 맞을 봄을 고대하며.

260

준 치야바리

티 플랜테이션의 미래

준 치야바리 다원 겨울 골든 히말라얀 로열 크래프티드 팁스
Jun Chiyabari Tea Estate Winter Flush Golden Himailyan Royale Handcrafted Tips

건엽
어두운 녹색과 밤색, 붉은색과 골든 팁이 고루 엉킨
부드럽게 말린 찻잎

엽저
윤기가 도는 밝은 다갈색

수색
붉은빛 도는 호박색

테이스팅 노트. 제비꽃과 말린 리치, 비파 생과 그리고 숙성된 장미 코디얼. 겨울이 가까워진 숲의 곰삭은 낙엽 내음과 구운 견과류. 여운이 긴 미디엄 보디와 쓰고 떫은맛 없이 깊고 짙은 풍미 그리고 꿀이나 젤리가 연상되는 진득한 촉감. 빼어난 밸런스.

페어링 팁. 스트레이트로 우선 추천하지만, 음식이나 디저트에도 맛과 향이 쉬이 밀리지 않는다. 다소 진하게 우린 다음 메이플 시럽을 바른 베이컨과 스크램블한 달걀을 곁들인 팬케이크와 함께 즐기는 것을 추천한다. 졸인 서양배나 천도복숭아가 든 판나코타도 잘 어울린다.

국가. 네팔

퀄리티 시즌. 다르질링과 비슷하나, 11월 말~12월 초의 윈터 플러시 Winter Flush가 더해진다.

위치. 단쿠타Dhankuta 지역 힐레Hile 마을 인근

지리적 특징. 히말라야산맥을 따라 동서로 길게 펼쳐진 네팔의 동부 지역. 중국의 저장성이나 일본의 오키나와와 같은 북위 27도이나 해발 1700m부터 2200m에 차밭이 위치하여 고산 기후에 해당한다. 남쪽의 테라이Terai 평원에서 불어오는 따뜻한 공기와 히말라야산맥의 차가운 공기가 섞이면서 산안개로 자주 뒤덮이고, 낮에는 밝고 따스한 햇살이 드는 반면 밤에는 쌀쌀하여 일교차가 크다.

개요. 다르질링 티의 모조품으로 불리던 네팔 차의 과거를 딛고 동아시아 차 문화에 대한 깊은 이해와 통찰을 통해 새로운 티 플랜테이션의 역사를 만들어가고 있는 전통과 혁신이 함께하는 신생 다원.

기원. 2000년 초, 다르질링에서 자란 갸왈리Gyawali 형제는 차밭 사이에서 보낸 유년기를 회상하며 네팔 동부에 지금까지 없었던 새로운 다원을 만들고자 하였다. 시행착오 끝에 대만에서 유념기와 살청기를 비롯한 기기를 조금씩 들여왔고, 2003년부터 본격적인 제조에 들어가게 되었다. 네팔 지역 사회의 빈곤 퇴치에 노력을 기울이며 또한 직원의 80%를 여성으로 고용하여 여성 근로자들의 인권 신장에 기여하고 있다.

네팔의 차는
다르질링의 모조품인가

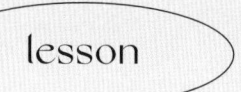

네팔에 차나무가 들어온 것은 1863년의 일이다. 당시 총리였던 정 바하두르 라나가 청의 황제로부터 하사받았다고도 하고, 그의 사위인 가즈 싱 타파 대령이 다르질링을 방문하여 차를 맛보았는데 몹시 만족스러워 네팔에도 차밭을 경작하고자 하였고 그리하여 네팔 최초의 차밭이 히말라야 산악 지대인 일람 지역에 생기게 되었다고도 한다. 그후 2년 뒤에는 테라이 평원에 해당하는 속팀Soktim에도 차를 심게 되었다. 현재 일람 지역은 다르질링과 마찬가지로 주로 오서독스 홍차들을 만드는 반면 속팀을 비롯한 테라이에서는 주로 씨티씨로 제조한다. 현재 네팔은 세계에서 가장 섬세하고 향기로운 우수한 차를 생산하는 85개 이상의 다원을 지니고 있다.

1978년 네팔의 첫 번째 티 팩토리가 일람에 세워지기 전까지 네팔의 차나무에서 딴 찻잎들은 모두 다르질링의 가공 공장으로 옮겨졌다. 네팔 산간 지역의 오염되지 않은 건강한 환경과 더불어 다르질링에 비해 비교적 어린 차나무들의 빼어난 생산성으로 당시에는 서로를 위한 상생이었을 것이다.

더욱이 1950년에는 양국 간에 사람과 물자가 제약 없이 이동할 수 있게 하는 인도 네팔 평화우호조약이 체결되었는데, 이로 인해 네팔의 차들을 다르질링으로 더욱 원활히 보낼 수 있게 되었다. 이렇게 다르질링에서 가공된 네팔 차들이 한창 국제적 명성을 얻고 있던 다르질링 티로 판매되는 것은 불 보듯 뻔한 일이었다.

한편 유럽에서 가장 큰 블렌딩 설비를 지니고 차 중개 산업이 활발하던 독일의 함부르크를 중심으로, 다르질링에서 제조된 찻잎이 51%가 넘으면 다르질링으로 표기가 가능하게끔 법안이 통과된다. 이러한 관행은 점차 유럽 전체로 번져 영국으로까지 이어졌고, 나머지 49%는 네팔과 인도 북부의 캉그라 지역, 혹은 파키스탄에서 밀반입된 차들로 채워졌으며 때로는 남부의 닐기리 지역이나 바다 건너 스리랑카의 찻잎 또한 널리 사용되었다. 오죽하면 최고의 다르질링 티는 스리랑카에서 만들어진다는 농담이 돌았을 정도이다.

다르질링 전체 다원의 연간 생산량이 1000톤이 되지 않는 것에 비해 전 세계에 다르질링 티로 유통되는 상품이 4만 톤에 육박하게 되자, 다르질링의 다원주들은 1983년 다르질링 티를 상징하는 고유한 표시를 만들게 되었다. 하지만 다르질링에 다른 차를 섞어 판매하는 관행이 완전히 사라지게 된 것은 비교적 최근의 일이다.

2011년 유럽 위원회는 다르질링 티를 PGIProtected Geographical Indication 상품으로 지정하였다. 인도산 상품에 이러한 조치가 취해진 것은 처음이며, 지구상에 존재하는 차에 지정된 첫 PGI다. 기존의 블렌딩된 다르질링을 판매해 오던 업자들에게는 5년의 시행 기간이 주어졌고, 2016년부터는 다르질링의 87개 다원에서 만들어진 차만이 다르질링 티로 판매될 수 있게 되었다.

한편 네팔 차의 가능성과 앞으로의 길을 고민하던 이들은 2000년 전후부터 다르질링을 능가하는 새로운 차를 모색하게 되는데, 단쿠타 지역의 준 치야바리와 구란세Guaranse 다원은 물론 네팔을 대표하는 전통적인 차 산지인 일람에서도 안투 밸리Antu Valley, 카냠Kanyam을 중심으로 다양한 차들을 선보이게 되었다.

글로벌 기업이 몇 개의 다원을 소유하고 티 팩토리 또한 함께 운영하는 다르질링과는 달리 네팔의 차 산업은 1에이커가 채 되지 않는 작은 농가들로 이루어져 있으며 이들은 각자 수확한 생엽을 인근 가공 공장에 판매한다. 규모가 작기 때문에 상대적으로 빠르게 변화를 받아들일 수 있으며 다양한 혁신을 가능케 하는 유연성을 지닐 수 있기에 현재 네팔은 전 세계의 차 애호가들이 가장 주목하는 산지가 되었다.

스물네 번째

절기

大寒

대한

운남 전홍

滇紅

1월 20일 무렵

해피엔드

끝이 있다. 어떤 시련은 천재지변처럼 짧은 예고조차 없이 덮쳐온다. 떠올리는 것만으로도 가슴이 뻐근히 메어 숨이 잘 쉬어지지 않고 손끝이 차갑게 떨릴 때, 그나마 우리를 의연하게 하는 것은 그 어떤 것도 영원하지 않다는 보편적인 명제가 아닐지. 그러나 그 끝이 어디인지는 아무도 알지 못하며 많은 시간이 흐른 뒤에야 끝이었구나, 깨닫게 되는 일도 적지 않다.

세밑이 바짝 다가온 음력 섣달의 맹추위가 몰아치던 그날은 좋아하는 작곡가이자 피아니스트가 십 년 만에 한국에 방문했을 때였다. 반복되는 스타카토로 시작한 연탄곡은 비감 어린 단음계 선율임에도 불구하고 템포 때문인지 제멋대로 명랑했다. 함께 그 곡을 들었던 이는 스무 살 이후 가장 오랫동안 곁에 있었던 사람이었고 앞으로도 그럴 거라 생각했지만 이듬해 피아니스트가 다시 내한했을 때는 모든 것이 달라져 있었다. 두 대의 피아노가 연주했던 곡은 현악 삼중주로 바뀌었고 이전보다 무겁고 슬펐지만 비극에 매몰되지 않는 의연함이 있었다. 해피엔드Happy End, 행복한 결말인지 어떤 것이었지는 여전히 모르겠지만 그보다 어울리는 제목은 없었으리라.

대한은 겨울을 닫는 절기이자 이십사 절기의 마지막이다. 큰 추위라고 하지만 실제로는 대한보다는 소한이 춥다고 하여, 옛 사람들은 소한에 얼었던 얼음이 대한에 녹는다고 하거나 '춥지 않은 소한 없고 포근하지 않은 대한 없다'고 하였단다. 그래봤자 소한

267

이나 대한이나 엄동설한의 한가운데이기는 마찬가지라 기상청에 따르면 경미한 차이로 소한이 좀 더 앞서는 정도라 한다.

기승전결의 단계를 차근차근 밟아 고요하고 매끄럽게 마무리되면 좋겠지만, 우리가 일상에서 마주하는 끝은 서툴게 쓰인 습작처럼 복선 하나 없이 갑자기 종막을 고하기도 한다. 그러나 결말을 스스로 정할 수 없기에 생은 더욱 가치가 있다. 비록 고를 수 있는 것이라곤 끝을 기다리며 마실 따뜻한 차 한 잔뿐이라 할지라도.

오래되고 새로운

차나무의 고향인 중국 운남성은 보이차로 널리 알려져 있지만 실은 녹차와 백차를 비롯한 여섯 가지 차들이 모두 만들어진다. 전홍의 '전演'은 운남을 의미하며 이름 그대로 운남 지역의 홍차라는 뜻으로 찻잎을 쇄청모차로 만들어 가공하면 보이차, 시들리고 비벼 산화시키면 홍차이기에 운남성의 차를 재배하는 곳 어디서나 두루 만들고 있다.

일찍이 유럽에 소개된 중국의 홍차들은 대부분 복건성에서 비롯된 소엽종 차나무의 잎으로 만들어졌다. 그러나 19세기 후반으로 접어들며 유럽의 앞서간 과학 기술을 이용하여 대량 생산을 꾀한 영국령 인도의 차 생산이 중국을 앞질러 세계 시장에서 선전하자 중국의 차 업계에서도 기계 설비를 갖춘 제다 공장에 관한 관심이 높아졌다.

국민당 정부는 서구의 소비자들을 매혹시킬 새로운 홍차로 아삼과 유사한 운남성의 차나무들을 주목했다. 이곳의 주요 차 산지들은 미얀마와 라오스에 인접하여 조금만 아래로 내려가면 유럽인들이 닦아놓은 도로와 기차를 이용할 수 있었기에 물류비용도 절약할 수 있을 터였다. 마침내 1939년 운남성에서 첫 번째 홍차가 만들어졌지만, 전쟁의 여파로 전홍이 다시 해외로 소개되기 시작한 것은 1950년대에 들어서였다. 차나무의 역사가 시작된 곳이다 보니 전홍 또한 오래전부터 만들어졌을 거라 생각할 수 있지만, 사실 다른 홍차들에 비하면 비교적 최근에 등장한 신제품인 셈이다.

단호박과 고구마

찻잎 속의 폴리페놀 성분들은 산화되고 나면 영롱한 붉은 빛을 띠며 떫은맛 대신 밀도 있는 단맛이 자리 잡는다. 구미권에 윈난 블랙Yunnan Black으로 소개되고 있는 전홍은 싹과 그 아래 잎까지 두루 사용하여 광택 있는 검은빛 찻잎에 골든 팁이 살짝 섞인 모습이지만, 중국과 우리나라에서는 채 퍼지지 않은 싹만을 골라 만든 차가 선호된다.

예열한 티포트에 복실복실 금색 털옷을 입은 찻잎을 넣으면 단호박을 쪄낸 듯 구수하고 향긋한 내음이 퍼진다. 새순에서 빠져나온 솜털이 찻물과 함께 말캉하게 일렁이고 골든 링이 뚜렷한 금홍 빛에 자주색 물감을 한두 방울 섞은 듯 차분하지만 영롱한 수색이 아름답다.

밤꿀에 흑당을 섞은 듯한 달콤한 향기가 지배적이고 그 위로 알싸한 꽃내음이 설핏 감도는가 하면 아래에는 부엽토와 백단 그리고 오레가노 등 허브의 뉘앙스가 깔려 있다. 군고구마의 노란 속살처럼 보드랍고 해사한 맛이다. 도톰히 내려앉는 묵직한 맛에도 불구하고 떫은맛은 거의 없고 갱엿처럼 달고 끈적하다.

겨울이 깊어갈수록 포근하고 달콤한 것이 끌린다. 입을 게을리 놀려도 슬렁슬렁 쉬이 넘어가는 진한 무언가가 좋다. 따듯하게 데워진 방 안에서 금방 구운 고구마며 감자를 호호 불며 먹는 즐거움은 추위가 더할수록 힘을 얻어 가고, 깊고 짙은 운남 전홍의 단맛에서 한겨울에 더욱 사랑스러운 구황작물들의 자취를 느낀다.

곧 입춘이라는데 이렇게 추울 일인가 투덜거리기보다 느긋이 차를 우리며 먼 곳에서 열심히 달려오고 있을 봄을 기다리자. 아직은 그의 기척은커녕 실오라기조차 보이지 않지만 달고 진한 차를 찬찬히 즐기는 동안 새로운 계절로 성큼 도착해 있을 것이다. 끝은 시작을 품는다. 모든 고난은 찾아왔을 때처럼 불현듯 떠나갈 것이고 그 경험을 밑거름 삼아 또 다른 이야기가 이어진다. 어쩌면 그것이야말로 진정한 해피엔드가 아닐지.

운남 전홍

차나무의 고향에서 온 홍차

건엽
금빛 솜털로 뒤덮인 큼직하고 뚜렷한 골든 팁

엽저
두툼하고 탄력 있는 밝은 갈색

수색
골든 링이 또렷하며 솜털이 섞인 주홍빛

테이스팅 노트. 흑당을 끼얹은 구운 피칸, 건자두와 대추야자 그리고 군고구마의 달고 포근한 맛. 제피 잎과 가벼운 허브의 뉘앙스. 핫 초콜릿이 연상되는 진득이 감기는 풀 보디.

페어링 팁. 스트레이트나 밀크티 어느 쪽이든 편히 마실 수 있다. 기름기가 많은 고기나 오래 숙성된 치즈 등 묵직한 식재료에도 두루 잘 어울린다. 비프 부르기뇽이나 와인 소스를 곁들인 스테이크를 비롯한 소고기와의 페어링에서 특히 돋보인다. 딸기를 비롯한 베리류와의 페어링도 좋은데 특히 딸기 쇼트케이크나 딸기 타르트를 권한다.

국가. 중국

퀄리티 시즌. 4~5월 / 3월에서 11월까지 수확 가능

위치. 운남성 임창시 봉경

지리적 특징. 운남성은 사계절의 구분이 없고 일 년 내내 온화하여 주도 인 곤명은 '영원한 봄의 도시'로 불린다. 또한 운남성 서남부에 위치한 임창 지역은 고대의 생태계를 간직한 원시림이 자리 잡고 있어 차나무 의 유전자 은행이라 불린다. 전홍을 생산하는 대부분의 산지는 란창강 을 따라 서쪽에 자리 잡고 있으며 특히 봉경현은 기복이 있기는 하지만 대체로 평균 해발 고도가 1000m 이상의 고지대에 차밭이 조성되어 있 다. 연평균 기온이 18~22℃에 달하며 연간 강수량은 1200~1700mm 의 아열대 기후에 속한다.

개요. 큼직한 골든 팁이 인상적인, 쓰고 떫은맛이 거의 없어 누구나 좋 아할 만한 20세기 중반에 등장한 진하고 달콤한 홍차. 군고구마나 단 호박 등의 구황작물과 따뜻한 초콜릿이 연상되는 향기.

기원. 1930년대 인도의 홍차는 티베트로 수출되던 보이차에 비해 비싸 게 판매되고 있었다. 이에 중화민국 정부는 홍차를 중심으로 차 생산 을 재편하여 외화 수입을 증대하고자 하였다. 그러나 1937년 중일전 쟁이 시작되자 복건성과 안휘성 등을 비롯한 기존의 홍차 산업이 타격 을 입게 되었고 비교적 전선에서 멀리 떨어진 운남성이 새로운 대안으 로 등장하였다. 1938년 운남성에 차를 수출하기 위한 공사인 운남중 국다엽공사가 세워졌고 오늘날 봉경鳳慶에 해당하는 순녕順寧과 맹해勐 海에 해당하는 지역인 불해佛海 두 지역에 차 전문가를 파견하여 홍차 를 만들게끔 하였다.

홍차의 나라,
영국

어째서 영국인가

홍차 그리고 홍차 문화라고 하면 자연스레 영국을 떠올리게 된다. 영국 사람들의 홍차에 대한 애정은 유별난 구석이 있다. 모든 물자가 봉쇄당한 2차 세계대전의 한가운데에서도 최전방의 군인들부터 런던의 시민들까지 모든 사람들이 차를 마시고 잼을 바른 토스트를 먹었다. 찻잔에 우유를 먼저 넣는지 차를 먼저 넣는지로 하루 종일 맹렬히 논쟁할 수 있는 사람들이다.

우리나라보다 높은 위도에 위치한 영국은 차를 재배할 수 있는 나라도 아니었거니와 유럽에서 처음으로 차를 마시기 시작한 나라도 아니었다. 굳이 말하자면 영국은 다른 나라들에 비해 차 문화가 뒤늦게 도달한 편이었지만, 이내 차의 매력에 빠져 대영제국의 드넓은 식민지 구석구석에 차나무를 심고 대규모 티 플랜테이션을 건설했다.

영국에서 차가 인기 있었던 첫 번째 이유는 날씨 때문이다. 짧은 여름이 지나고 나면 흐리고 차가운 나날이 이어지는 영국에서는 따뜻한 차 한 잔이 더욱 달갑다. 커피라면 이렇게 온기가 필요할 때마다 연거푸 마실 수 없었을 것이다. 짧게 혹은 길게 일상의 틈에 나누는 티타임은 사교의 중요한 한 축이 되었으며 직접적인 따스함뿐 아니라 사람들 사이의 온기를 전해주기도 하였다.

이웃 프랑스가 전 세계에서 들여온 다양한 식재료로 풍성한 식문화를 꽃피우던 시기에 영국은 산업혁명이 한창이었다. 어른이고 아이고 남녀를 불문하고 도시에 사는 모든 이들이 공장에서 하루를 보냈으며 식사할 시간조차 넉넉지 않았다. 이들에게 우유를 곁들인 홍차는 활력을 불어 넣어주는 동시에 부족한 영양소를 챙길 수 있는 중요한 음료였을 것이다.

또한 영국 요리들은 대체로 기름에 튀기거나 버터를 듬뿍 넣어 느끼한 것들이 많은 편이나 이에 곁들이는 음료는 주로 맥주의 종류인 에일이었다. 숙취에서 채 깨어나지 못한 아침에 다시 기름진 식사를 앞에 두고 진한 차 한 잔을 곁들였던 첫 번째 영국 사람은 아마 눈앞이 환해지는 기분이었을 것이다.

영국이 본격적으로 상품 무역에 뛰어들었을 무렵에 초콜릿이나 커피, 후추 등의 인기 있는 작물들은 이미 다른 나라들에게 이권이 넘어간 상태였다. 그에 비해 홍차는 17세기에 새로이 등장한 가공 방식이었기에, 후발 주자인 영국이 독점권을 얻기에 늦지 않았다. 이후 중국과의 거래를 넘어 직접 차를 재배하기 시작한 영국은 자국뿐 아니라 식민지에서도 차를 널리 마시게끔 장려하여 큰 수익을 얻었다.

홍차에 매혹된 영국인들

1) 캐서린 브라간사 Catherine of Braganza (1638~1705)

처음에 차는 커피하우스를 통해 영국에 들어왔다. 약으로 소개되었던 차가 하나의 문화로 자리 잡게 된 것은 찰스 2세와 포르투갈의 캐서린 브라간사가 결혼하면서부터였다. 그녀는 혼수로 모로코의 탕헤르 Tangie와 인도의 뭄바이 Mumbai 일부를 가져왔는데 이는 차를 수입하는 중요한 무역 중개지가 되었다.

그러나 찰스 2세는 왕비에게 크게 관심이 없었고 대신 그 곁에 수많은 애인들이 함께했다. 낯선 궁정에서 자식도 없이 외로웠던 그녀를 위로해준 것이 고국에서부터 즐기던 차였다. 찾아오는 이들에게 차를 대접하기도 했던 그녀 덕분에 영국의 상류층에 차 문화가 조금씩 자리 잡기 시작했다.

2) 찰스 그레이 백작 Charles Grey, 2nd Earl Grey (1764~1845)

찰스 그레이는 1830년에서 1834년 사이에 영국의 총리를 역임한 정치가지만 우리에게는 얼그레이 홍차로 유명한 인물이다. 전해지는 이야기에 따르면 그는 중국에서 온 사신들로부터 향이 독특한 홍차를 대접받았고, 이에 감명받아 비슷한 차를 만들고자 중국의 홍차에 당시의 고급 향료였던 시트러스의 일종인 베르가모트 Bergamot의 향기를 더하였다.

그는 당시 최고의 명사였던 데본셔 공작부인 조지아나 Georgiana Cavendish, Duchess of Devonshire의 연인이기도 했는데 그녀는 다이애나 왕세자비와 같은 스펜서 Spencer 백작가에서 태어났으며 공작의 묵인 하에 그레이 백작과의 사이에 아이를 낳기도 하였다. 그녀 또한 차를 즐겼으며 영국 사교계 차 문화가 자리 잡는 데 큰 영향을 미쳤다.

3) 베드포드 공작부인 안나 마리아 러셀

Anna Maria Russell, Duchess of Bedford (1783~1857)

본래 영국에서 제대로 된 식사 시간은 아침과 저녁뿐이었다. 점심 식사가 생겨나긴 했지만 몹시 간단했고, 늦은 오후가 되면 사람들은 언제나 허기졌다. 빅토리아 여왕의 측근이자 1840년대 7대 베드포드 공작부인이었던 안나 마리아는 오후 4시의 출출한 시간을 위해 케이크, 샌드위치 등의 가벼운 식사를 곁들여 차를 마셨다.

그러나 오후는 하인들이 한창 바쁜 시간대였고 수고를 덜기 위해 여러 장의 접시를 한 번에 나를 수 있는 3단 트레이를 고안하게 되었다. 애프터눈 티 세트는 아랫단부터 윗단의 순서로, 짠 음식에서 단 음식의 차례로 먹는다. 차는 무겁지 않고 감미로운 다르질링이 선호된다.

*애프터눈 티 세트 Afternoon Tea Set

1단: 초콜릿, 마카롱 등 한입 크기의 디저트. 식감과 색에 신경 쓴다.

2단: 클로티드 크림과 베리로 만든 잼이 곁들여진 따뜻한 스콘.

3단: 오이나 햄 등 한두 가지의 단순한 재료를 끼운 핑거 샌드위치.

오이 샌드위치의 경우 우리나라에서는 호오가 갈리는 편이지만, 쌀쌀한 날씨의 영국에서 신선한 오이는 당시 온실이 갖추어진 곳에서만 먹을 수 있는 호사스러운 식재료였다. 게다나 다르질링에 버터나 크림치즈를 바른 오이 샌드위치는 몹시 잘 어울린다.

4) 조지 오웰 George Orwell (1903~1950)

흔히 조지 오웰이라는 필명으로 알려진 에릭 아서 블레어 Eric Arthur Blair는 전체주의를 비판한 작품 《동물농장》과 《1984》로 유명한 작가다. 그는 누구 못지않은 차 애호가로도 유명했는데, 1946년 1월 12일자 《이브닝 스탠다드 Evening Standard》에 "한 잔의 맛있는 차 A Nice Cup of Tea"라는 제목의 글을 싣기도 하였다.

그에 따르면 최고의 한 잔은 아삼이나 실론 홍차여야 하고 미리 예열을 한 티포트에 금방 끓어오른 물을 부어 진하게 우려내어야 한다. 또한 우유는 차를 먼저 부은 다음 넣는 것이 좋으며 진정한 차 애호가라면 설탕을 넣지 않고 차 본연의 쓴맛을 즐길 줄 알아야 한다고 한다. 그의 글처럼 카랑카랑한 고집과 관점이 느껴지는 취향이다.

영국식으로 홍차 즐기기

영국의 티룸에는 '밀크티Milk Tea'라는 이름의 메뉴가 없다. 우유는 언제나 티 테이블 위에서 설탕과 함께 준비되어 있을 뿐이다. 진하게 우린 잉글리시 브렉퍼스트 티에 실온의 우유를 아주 약간 그리고 설탕을 더한다. 때로 이러한 영국식 '홍차'가 입에 맞지 않는다는 사람들을 만나곤 한다.

우리나라에서 밀크티라고 하면 카페라테처럼 우유의 비율이 훨씬 높은, 홍차의 향과 맛이 나는 우유 정도로 생각하는 경우가 많지만, 영국 홍차에서 우유의 역할은 그저 차의 보디와 풍미를 깊게 하는 가벼운 첨가물에 지나지 않기 때문이다.

영국 티 브랜드의 포장박스에 적힌 권장 레서피를 자세히 들여다보면 'a Dash of Milk'나 'a Splash of Milk'를 더하라는 말이 자주 나온다. 이때 'a Dash'와 'a Splash'의 대략적인 양은 약 1티스푼 내외로, 영국 사람들은 한 컵의 홍차에 아무리 많아도 10ml가 넘지 않는 양의 우유를 넣는다. 세상 누구보다도 홍차를 사랑한 영국이기에 밀크티의 주인공도 응당 우유보다 차여야 한다고 생각한 것일지도 모르겠다.

우유가 먼저냐 차가 먼저냐

영국에서 정치 문제만큼이나 열띤 토론거리 중 하나가 찻잔에 우유를 먼저 넣느냐MIF, Milk in First 아니면 차가 먼저고 그다음에 우유를 넣느냐MIA, Milk in After다. 도자기가 귀했던 옛날에는 뜨거운 차를 갑자기 부었을 때 찻잔에 금이 가는 것을 막기 위해 우유를 먼저 부었다고 하며,

또 다른 이들은 이와 상관없이 차를 먼저 부어야 수색을 보며 그에 맞게 우유를 부을 수 있기 때문에 우유가 나중이라고 한다.

2003년 영국 왕립화학협회에서 이 오래된 논쟁에 종지부를 찍었는데, 뜨거운 차 위에 우유를 붓는 것보다 우유를 먼저 넣고 차를 붓는 쪽이 우유의 온도가 천천히 올라가 단백질의 변성을 줄일 수 있다 하여 MIF파의 손을 들어주었다.

두 잔 반의 홍차

격식을 갖춘 영국의 티룸에서는 은으로 된 티포트에 찻잎과 뜨거운 물이 담겨 나온다. 타이머나 모래시계는 따로 제공되지 않으며 찻잔에 스트레이너를 걸쳐 찻잎을 걸러 먼저 아직은 맑은 한 잔을 마신다. 이를 향을 즐기는 첫 번째 잔이라고 한다.

그러고 나면 다음 잔은 충분히 우러나 진해져 있을 터다. 이를 맛을 즐기는 두 번째 잔이라고 한다. 두 잔을 마시고 나면 반 잔정도 분량의 차가 남는데, 계속 스트레이트 티Straight Tea*로 즐기고 싶다면 뜨거운 물을, 그렇지 않다면 우유를 부어 밀크티로 마신다.

우리나라의 물에서는 두 번째 잔도 이미 쌉쌀해져 있을 가능성이 높으므로 첫 번째만 스트레이트 티로 즐기고 둘째 잔부터 우유를 부어도 좋다. 영국 사람들이 홍차를 즐기는 고전적인 방식이다.

*설탕이나 우유를 넣지 않고 찻잎과 물로만 우려 즐기는 차.

Chapter 03

다르게 만나는
차

1. 차에 얼음을 더한다 : 아이스티

　　여름의 한가운데 녹아내릴 듯 뜨거운 열기에 시달리다 마시는 아이스티*한 잔만큼 반가운 것이 어디 있을까. 잘그랑 얼음이 녹아 부딪히는 청량한 소리에 더위가 성큼 물러서고 차갑게 식은 유리컵 표면에 송골송골 이슬이 맺힐 때 눈도 함께 시원해진다. 차에 얼음을 넣어 시원하게 마신다는 생각 자체는 19세기 초부터 시작되었다. 블레싱턴 백작부인 마거릿은 1823년 나폴리에서 보낸 휴가에서 아이스티를 즐겼다고 언급한다. 이후 19세기 후반에 이르면 요리 및 살림의 기술을 설명하는 다양한 책에서 아이스티 레시피에 관한 글을 찾아볼 수 있다.

　　하지만 아이스티가 널리 알려지게 된 것은 1904년 미국의 세인트루이스 세계 박람회에서 인도산 홍차를 홍보하던 리처드 블레친든 덕분이다. 그해 유독 더웠던 행사장에서 누구도 뜨거운 홍차를 마시려 하지 않자 그는 얼음으로 차갑게 식힌 차를 제공했다. 그 아이스티는 행사장에서 큰 인기를 끌었고, 이후 미국을 중심으로 아이스티는 티 레시피의 중요한 축을 차지하게 되었다.

---

* 본래 영문으로 '아이스드 티 Iced Tea'로 표기해야하나, 아이스티라는 단어 자체가 고유명사의 하나로 우리의 일상 속에 자리 잡은 점을 참작하여 이하 '아이스티'로 표기한다.

급랭 아이스티
Basic Iced Tea

recipe

뜨겁게 우린 차를 얼음 위로 부어 식힌 아이스티는 카테킨을 비롯한 폴리페놀과 각종 미네랄 등 차에 들어 있는 다양한 성분들이 고루 우러나 차 고유의 깊은 풍미와 밸런스를 만끽할 수 있다. 얼음에 차가 희석되므로 평소보다 다소 진하게 차를 우려야 한다.

재료 (300ml 기준)

찻잎 5g, 얼음 150g, 물 170ml

How to make

1. 예열한 티포트에 찻잎을 넣고
뜨거운 물을 부어 우려낸다.
시간과 온도는 핫 티를 만드는 기본
레시피와 동일하다.

2. 얼음이 든 유리컵 또는
저그에 찻잎을 걸러 붓는다.

3. 재빨리 저어 빠르게 식혀 주면 완성.

크림 다운 현상
Cream-down

급랭 아이스티를 만들 때 종종 찻물빛이 뿌옇게 흐려지는 일이 생기곤 한다. 차의 농도가 너무 진하거나 천천히 식혔을 때 나타나는 현상으로 크림 다운 혹은 백탁현상白濁現象이라 한다. 뜨거운 홍차가 투명하게 보이는 것은 차황소, 차홍소등의 폴리페놀과 카페인 등 여러 성분이 고르게 녹아 있기 때문이다. 하지만 온도가 떨어지면 카페인이 폴리페놀을 비롯한 다당류나 단백질 등 다른 성분들과 결합하여 클라스트레이트 화합물을 형성하여 수색을 흙탕물처럼 뿌옇게 만든다. 급랭 아이스티를 만들다가 크림 다운 현상이 생겼을 때는 뜨거운 물을 조금 부어 희석하면 다시 투명해지며 맛에는 큰 영향을 주지 않는다.

냉침 아이스티
Cold-Brewed Tea

recipe

물을 끓이지 않고 만들 수 있는 간편한 레시피로 손끝 하나 까딱하기 싫은 여름철의 든든한 동반자. 카페인을 비롯해 쓰고 떫은맛을 지닌 성분들이 적게 우러나 마시기 편하며, 잡내를 줄이고 향기를 살릴 수 있어 묵은 차를 이용하기에도 좋다.

재료 (500ml 기준)

찻잎 6g, 물 500ml

How to make

1. 유리병이나 저그에 찻잎을 넣고 물을 붓는다.

2. 뚜껑이나 랩으로 입구를 밀봉하고
냉장고에서 8시간 이상 둔다.
잠들기 전에 넣어두었다
아침에 일어나 거르면 적당하다.

3. 찻잎을 거르고 가급적 24시간 이내에
마시도록 한다.

* 찻잎이 자잘하여 빠르게 우러나는 경우 3~4시간 정도를 권한다.
** 청차처럼 단단하게 말린 형태의 찻잎의 경우 뜨거운 물로 조금 적셔 1분가량 뜸 들인
다음 차가운 물을 붓는다.
*** 탄산수를 부어 스파클링 티로 즐겨도 좋다. 다만 찻잎이 들어갈 공간만큼 액체를 조금
따라낸 다음 찻잎을 넣어야 한다. 탄산이 빠지지 않게끔 잘 밀봉하는 것이 중요하다.

2. 차에 우유를 더한다 : 밀크티

　　차에 관해 이야기할 때면 밀크티Milk Tea를 빼놓을 수 없다. 굳이 영국 이야기를 꺼내지 않더라도 밀크티는 이제 전 세계 카페 어디서나 만날 수 있는 대중적인 음료 메뉴가 되었다. 우리나라에서 밀크티의 인기는 차에 대한 관심이라기보다 인스턴트 믹스 커피의 연장선이라 봐야겠지만, 차에 대한 진입 장벽을 낮추는 역할을 톡톡히 하고 있다. 누가 언제부터 차에 우유를 넣었는지에 관해서는 의견이 분분하지만 티베트 사람들을 비롯한 유목민들은 이미 천 년 이상 차에 말젖이나 양젖을 넣어 마셔왔으며, 때로는 차에 버터를 넣기도 하였다.

　　밀크티는 가벼운 주전부리를 곁들이면 제법 든든한 한 끼 식사가 되기도 한다. 우유에 들어있는 단백질의 일종인 카제인Casein은 차에 들어 있는 떫고 쓴 성분들을 감싸 부드럽게 만든다. 밀크티를 만들 때 가장 중요한 것은 차가 충분히 진해야 한다는 점이다.

밀크티의 재료

찻잎. 밀크티에 사용되는 차는 가급적 진하게 우려야 우유를 넣어
도 밀리지 않는다. 맛이 가벼운 것보다는 강건한 풀 보디를 지닌
차를 고른다.

홀 리프 티 Whole Leaf Tea : 찻잎의 섬세한 향기를 살릴 수 있도록 우
유를 조금 부어 밀크티로 즐긴다.

브로큰 티 Broken Leaf Tea : 패닝Fanning 등급이나 씨티씨CTC 등 가급
적 잘게 부서져 있어 진하게 우러나는 차가 밀크티에 적합하다.

설탕. 아무리 단 것을 싫어하더라도 설탕은 아주 소량이라도 넣는
것이 좋다. 차와 우유 사이에서 맛의 무게 중심을 잡아준다.

백설탕 : 우려진 차에 우유를 넣는 영국식 레시피에는 차의 향을 해치
지 않는 정제된 설탕이 어울린다.

비정제 설탕 : 아삼 등의 홍차를 사용하여 진하게 끓이는 밀크티에 추천
한다. 독특한 감칠맛이 있어 밀크티의 맛을 풍부하게 해주며, 생산국
마다 조금씩 풍미가 달라 비교해보는 재미도 있다.

우유. 지방이 충분히 함유된 홀 밀크Whole Milk를 고른다. 건강이 염려된다면 저지방 우유보다는 최근 다양하게 출시되는 비건 밀크를 권한다.

저온 살균 우유 : 63~65℃에서 30분간 가열 소독하여 풍미를 살린 우유. 그냥 마실 때는 좋지만 일단 끓고 나면 비린 향이 올라오는 점에 유의해야 한다.

멸균 우유 : 우유를 장기간 보존하기 위해 135~150℃에서 2~5초간 가열하여 실온에서 발생할 수 있는 모든 미생물을 사멸시킨 우유. 냄비를 사용해 오랫동안 끓여야 하는 밀크티는 멸균 우유가 좀 더 빼어나다.

두유 : 콩에서 비롯된 담백한 풍미가 돋보이는 비건 밀크. 자칫 텁텁해질 수 있어 차가 지나치게 진해지지 않게끔 양과 시간을 조절해야 한다. 녹차나 호지차 등과 잘 어울린다.

오트 밀크 : 비건 밀크류 중 우유와 가장 비슷한 풍미를 낼 수 있다. 거의 모든 차와 고루 잘 어울리지만 오래 끓이면 지방층이 분리될 수 있으므로 가볍게 끓이거나 우려진 차에 조금 더하는 정도가 좋다.

기본 밀크티
Basic Milk Tea

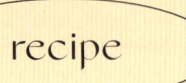
recipe

우려진 차에 우유를 넣는 영국식 레시피를 일반적인 밀크티의 이미지
에 맞추어 보완하였다. 진하게 우린 차에 '데운' 우유를 같은 양으로
넣는 것이 포인트.

재료 (300ml 기준)

찻잎 5~8g, 물 160~170ml, 우유 150ml
(*찻잎이 흡수하는 물의 양에 따라 조절)

How to make

1. 티포트와 컵을 예열한다.

2. 분량의 우유를 전자레인지나 냄비로
끓지 않게 데운다.

3. 티포트에 찻잎과 뜨거운 물을 넣고
본래보다 1.5배 정도 길게 우린다.

4. 2번과 3번을 같은 비율로 넣고 취향대로
설탕이나 꿀을 넣어 마신다.

끓이는 밀크티
Boiled Milk Tea

recipe

냄비로 끓여 최대한 진하게 농축된 맛이 특징인 인도식 밀크티. 일본에서는 '로열 밀크티'라고 부르기도 한다. 카페라테와 비슷한 농도라 우리나라 사람들에게 가장 인기 있는 레시피.

재료 (200ml 기준)

찻잎 7g, 물 100ml, 멸균 우유 150ml,

설탕 1티스푼~1테이블스푼, 소금 약간

How to make

1. 냄비에 분량의 물을 넣고 끓어오르면 찻잎을 넣는다.

2. 1분 정도 끓인다. 찻물이 에스프레소 정도의
색과 농도과 되면 약불로 줄인다.

3. 우유와 설탕을 넣고 약불에 3분 정도 졸인다.
이 때 소금을 한 꼬집 정도 넣으면 맛이 더욱 깊어진다.

4. 거름망으로 마지막 방울까지 거른다.

*2인분을 만들 경우 찻잎과
우유의 양은 두 배로 하고
물은 총 150ml로 하여, 50ml만
늘린다. 같은 냄비일 경우 물이
증발되는 양은 액체의 양에
정비례하지 않기 때문이다.
인원수만큼 찻잎과 우유는
늘리되 물은 조금씩 적게
늘려야 한다.

마살라 짜이
Masala Chai

마살라Masala는 '섞다'는 의미에서 비롯된 말로, 인도에서는 다양한 향신료들을 섞어 집집마다 고유한 레시피의 마살라를 만든다. 짜이에 넣는 마살라의 일반적인 레시피는 카다멈Cardamom, 계피Cinnamon, 정향Clove을 기본으로 한다.

재료 (200ml 기준)

찻잎 7g, 물 120ml, 우유 150ml, 설탕 1테이블스푼,
계피 작은 조각 1개, 정향과 카다멈 각각 2~3개씩

How to make

1. 냄비에 분량의 물을 넣고 끓어오르면 찻잎과 향신료를 넣는다.

2. 농도를 살피며 센 불에 1분, 약불에 1분 정도 끓인다.

3. 우유와 설탕을 넣고 약불에 3분 정도 졸인다.

4. 거름망으로 마지막 방울까지 거른다.

전자레인지 밀크티
Microwave Milk Tea

진한 밀크티가 마시고 싶지만 냄비를 꺼내는 것이 번거로울 때 권하는 간단하지만 맛있는 밀크티.

재료 머그컵 1잔 기준

홍차 티백 3개(찻잎 6~7g), 물과 우유 적당히, 설탕 약간

How to make

1. 머그컵에 티백 3개를 넣고 물을 컵의 1/3 정도로 붓는다.

2. 전자레인지에서 1분~1분 30초 가열한다.
기계마다 전압이 조금씩 다르므로 에스프레소 정도의 진하기가 될 때까지로 맞춘다.

3. 티백을 꼭 짜서 꺼낸다.

4. 컵의 남은 2/3 분량에 우유를 붓고 전자레인지에서 1분 이상 가열한다.
굳이 끓일 필요가 없으므로 원하는 온도에 맞춘다.

5. 원하는 만큼 설탕이나 꿀을 넣어 완성.

아이스 밀크티
Iced Milk Tea

찻잎을 충분히 많이 넣어 얼음이 녹아도 연해지지 않게끔 만든다. 우유의 맛은 연유로 잡는 것이 포인트.

재료 (350ml **기준**)

찻잎 10g, 물 100ml, 우유 150m, 얼음 150g, 연유 약간

How to make

1. 냄비에 분량의 물을 넣고 끓어오르면 찻잎을 넣는다.

2. 1분 정도 끓인다. 찻물이 에스프레소 정도의 색과 농도가 되면 약불로 줄인다.

3. 우유를 넣고 다시 약불에 올린 후 끓기 직전에 끈다. 연유를 취향껏 넣고 잘 저어준다.

4. 얼음이 든 저그에 거름망으로 3을 거른 다음 식혀서 완성.

냉침 밀크티
Cold-Brewed Milk Tea

불을 사용하지 않고 만들 수 있어 가스레인지나 인덕션 등이 세팅되지 않는 우리나라 카페에서 널리 사용되는 밀크티 레시피. 일단 냉장고에서 꺼내면 빨리 마시는 것이 좋다.

재료 (500ml 기준)

찻잎 10g, 물 30~50ml, 우유 500ml, 설탕 약간

How to make

1. 찻잎에 분량의 뜨거운 물을 부어 불린다. 설탕을 이때 함께 넣어 녹인다.

2. 불린 찻잎과 우유를 유리병이나 저그에 넣는다.

3. 뚜껑이나 랩으로 입구를 밀봉하고 냉장고에서 10시간 이상 둔다.

4. 찻잎을 걸러 마신다.

3. 차에 과일을 더한다

우아한 곡선을 그리는 앤티크 티컵에 홍차를 담고 얇게 저민 레몬을 띄우는 것은 떠올리는 것만으로도 근사한 이미지지만, 막상 해보면 생각보다 맛있지 않아서 의아한 경험이 한 번쯤은 있을 것이다. 차와 과일은 언뜻 더없이 잘 어울리는 조합처럼 느껴지지만 사실 차에 과일 주스나 생과일을 넣는 것은 썩 권장하지 않는다.

과일에 들어있는 산Acid 성분은 가벼운 양일 때는 차 속의 폴리페놀 성분들이 산화되는 것을 막아 품질 유지에 도움을 주지만 양이 많아지면 탄닌의 성질을 더욱 강하게 하여 차 맛을 떫고 텁텁하게 만든다. 간단한 해결책으로는 설탕이나 시럽을 더하는 방법이 있다. 또한 차를 차갑게 식힌 다음 과일을 넣는 것도 도움이 된다.

사과처럼 껍질의 향기가 좋은 차는 일부러 껍질을 모은다. 바로 사용할 수 없을 때는 얼려두어도 좋다. 과일 껍질을 넣고 물을 끓여 차를 우리면 색다른 과일차를 만날 수 있다. 오렌지와 같은 시트러스 과일의 경우에는 흰 부분을 뺀 윗부분만 살짝 벗겨 내어 사용하면 좋다.

레몬티
Lemon Tea

말 그대로 우려진 차에 레몬을 더하여 산뜻한 풍미를 즐기는 차. 닐기리나 기문 그리고 약하게 산화된 청향 우롱 등 가볍고 부드러운 풍미의 차에 잘 어울린다. 레몬을 직접 차에 담그지 않고 찻잔 테두리에 살짝 문지르면 차 맛을 해치지 않고 상큼한 향기를 즐길 수 있다.

재료 (300ml 기준)

찻잎 3~4g, 물 300ml, 레몬 슬라이스

How to make

1. 티포트와 찻잔을 예열한다.

2. 기본 레시피대로 우리되, 과하게 우러나지 않도록 한다.

3. 레몬 슬라이스를 집어 찻잔의 가장자리의
입 닿는 부분에 살짝 문지른 다음 차를 마신다.
*레몬을 차에 넣고 싶다면 아주 가볍게 넣었다 빼는 정도를 권한다.

러시안티
Russian Tea

러시안티는 홍차에 잼을 넣어 마시는 것으로, 일 년의 반 이상을 차지하는 러시아의 겨울을 버텨내기 위해 뜨거운 홍차에 달콤한 잼이나 설탕 덩어리를 곁들인 것에서 비롯되었다. 떫은맛이 적은 중국 홍차를 추천하며, 위스키나 리큐르 같은 술을 몇 방울 더하면 잼의 신맛을 눌러주면서 좀 더 매혹적인 향기를 즐길 수 있다.

재료 (300ml 기준)

찻잎 3~4g, 물 300ml, 과일잼 약간

How to make

1. 티포트와 찻잔을 예열하고 기본 레시피대로 우린다.

2. 먼저 잼을 넣은 다음 우러난 차를 붓는다.

3. 고루 저어준 다음 차분히 가라앉도록
기다린다.

4. 찻잔을 가만히 들어 잼의 향기가 밴
차를 천천히 마신다.

5. 마실수록 단맛이 더해지는 것을 즐기며
바닥에 남은 달콤한 과육을 디저트처럼 즐긴다.
*술을 더할 경우, 2번 단계에서 잼과 함께 넣는다.

4. 차에 술을 더한다 : 어른의 티 레시피

중국에는 차로써 술을 대신한다는 의미의 '이차대주以茶代酒'라는 말이 있다. 오나라의 마지막 황제였던 손호孫皓가 술을 잘 마시지 못하는 신하를 배려하여 술을 차로 몰래 바꿔주었다는 이야기에서 비롯된 고사이다. 차와 술은 여러 가지 닮은 부분이 많다. 아삼의 풍미를 '몰티Malty'하다고 표현하기도 하며, 다르질링을 샴페인과 무스카텔 와인에 비유하기도 한다.

때로는 차와 술을 섞기도 한다. 일본의 선술집에서 흔히 만날 수 있는 우롱하이ウーロンハイ는 우롱차에 위스키나 소주를 섞은 것이다. 술을 마시는 것이 부담스럽다면 뜨거운 차를 우려 술을 몇 방울만 떨어뜨려 맛보는 것도 좋다. 차에 넣을 술은 증류주를 권하며, 여기서 술은 온기와 향을 더하는 역할 정도라 1/3티스푼 정도면 충분하다. 들어가는 양도 적지만 차의 열기에 알코올이 휘발되어 취하지 않고 술과 차의 향기를 함께 즐길 수 있다.

아삼 × 버번 위스키 Assam with Bourbon Whisky

몰티한 아삼 홍차에는 어떤 위스키든 무난히 잘 어울리지만 그중에서도 달콤한 버번 위스키를 권한다. 버번을 아삼으로 만든 밀크티에 넣어도 좋다.

정산소종 × 아일라 위스키 Lapsang Souchon with Islay Whisky

정산소종의 송연 향과 아일라 위스키의 피트Peat 향은 한쪽은 산에서, 다른 쪽은 섬에서 만들어졌지만 몹시 닮은 뉘앙스를 지니고 있어 깔끔하게 어우러진다.

사계춘 × 진 Four Seasons Spring with Jin

사계춘 우롱의 달고 화사하면서도 깔끔한 풍미는 진의 청량한 향기와 잘 어울린다. 무더위가 찾아들기 전의 늦은 봄밤에 권한다.

운남 전홍 × 아르마냑 Yunnan Black with Armagnac

보르도의 아래쪽에 위치한 아르마냑의 포도로 만드는 브랜디인 아르마냑은 코냑에 비해 좀 더 중후한 맛이 돈다. 전홍의 진득하고 달콤한 풍미에 적당하다.

핫토디
Hot Toddy

recipe

프랑스에 뱅쇼Vin Chaud가 있다면 영국에는 핫토디가 있다. 뜨거운 물이나 차에 꿀과 레몬즙을 넣은 다음 위스키나 럼을 더한 겨울 음료이다. 추위로 얼어붙은 몸을 녹이며 한 잔 마시거나 잠들기 전에 마신다. 영국에서는 감기에 걸리면 만들어 마시는 국민 음료이기도 하다. 얼그레이 홍차를 사용하는 것이 일반적이지만, 서로 잘 맞는 차와 술의 조합을 이용하여 다양한 레시피가 가능하다.

재료 머그 1잔 기준

찻잎 2g(티백 1개), 물 200ml, 위스키 45ml,
레몬즙 1테이블스푼, 꿀 1테이블스푼,
레몬 조각, 시나몬 스틱

How to make

1. 티포트를 예열한 다음, 찻잎을 넣고 뜨거운 물을 부어 우린다.

2. 예열한 머그에 꿀과 레몬즙, 술을 넣는다.

3. 1번에서 우려진 차를 걸러 2번에 붓는다.

4. 잘 저어준 다음 레몬 조각과 시나몬 스틱으로 장식한다.

말차 맥주
Matcha Beer

recipe

맥주에 차를 붓는다니 전혀 어울리지 않는다고 생각할지도 모르겠지만, 말차의 짙은 감칠맛이 맥주의 쌉싸래한 맛에 어우러지는 의외로 멋진 조합. 금빛 거품 위로 말차가 밤처럼 내려오는 모습을 보는 정취가 있다. 맥주는 라거나 바이젠처럼 밝은 금빛의 산뜻한 타입으로 추천한다.

재료 맥주컵 1잔 기준

말차 2g, 맥주 1캔(355ml), 뜨거운 물 10ml, 물 50ml

How to make

1. 맥주컵을 냉장고에서 미리 식혀둔다.

2 말차를 다완에 넣고 뜨거운 물을 부어 가루를 갠다.

3. 상온의 물을 넣고 거품을 낸다.

4. 1번의 컵을 꺼내 맥주를 담고, 3번을 조심스레 붓는다.

티 리큐르
Tea Liqueur

recipe

증류주에 찻잎을 넣고 우린 리큐르. 차의 풍미와 어울리는 술을 골라
서로 어우러지게끔 한다. 투명한 빛깔을 지닌 보드카나 진을 사용하
는 것이 무난하다. 완성된 티 리큐르는 탄산수를 넣어 하이볼처럼 즐
길 수도 있고 과자나 케이크 등 디저트를 만들 때 사용해도 좋다.

재료 (300ml 기준)

찻잎 5~7g, 증류주 300ml

How to make

1. 찻잎을 술과 섞어 실온에서 하루 정도 숙성한다.

2. 유리병을 열탕 소독한다.

3. 1번을 걸러 2번에 담아 밀봉하고, 1년 안에 사용하도록 한다.

세 가지 풍경의 티 테이블

일요일 오후의 브리티시 티 타임

김이 모락모락 나는 갓 구운 스콘을 반으로 갈라 크림과 새콤달콤한 베리를 졸인 잼을 듬뿍 얹고 뜨거운 홍차를 홀짝이는 오후 한나절의 기쁨을 그 무엇에 비할 수 있을까. 때로는 순백의 테이블 보를 깔고 윤이 나게 닦은 스털링 실버와 내 나이의 두 배 이상은 족히 나갈 앤티크 티컵을 조심스레 꺼내어 어른의 소꿉놀이를 즐긴다. 테이블 위로 길게 드리워진 햇살이 찻물 위로 찰랑일 때 시간이 멈춘 듯 흡족하다.

제철의 풍물시가 담긴 계절의 찻자리

여름이 기울어 갈 때는 언제나 티 테이블에 망개를 드리운
다. 한창 물이 오른 천중도 복숭아를 시럽에 졸이고 한천에 레몬과
백앙금을 더하여 계절의 맛이 담긴 양갱을 만들었다. 트레이는 찻
자리의 캔버스가 된다. 어떤 기물을 놓아 완성시킬지 고르는 것도
큰 즐거움이다. 물컵 대신 크리스털을 세공한 디저트 와인잔을 놓
아 수직의 긴장감을 만들고 청량한 느낌을 더했다.

가족과 함께하는 포근한 티 테이블

때로는 하루가 끝나갈 때쯤 식구들과 함께 차를 홀짝인다. 북유럽 식기들은 튼튼해서 쉽게 깨지지 않아 편하게 사용하기 좋다. 알록달록한 무늬가 있어 아이들이 기뻐하는 얼굴을 보는 것도 흐뭇하다. 이 시간을 위해 디카페인 홍차나 보태니컬 블렌드 차를 고루 갖추어놓곤 한다. 따뜻한 차의 온기에 도란도란 각자의 이야기가 섞여 하루의 고단함이 사르르 녹아내린다.

App^더 알아보기

endix

1. 차 그리고 여섯 가지 차

차나무는 동백나무속 차나무과의 중국 사천성 및 운남성 일대가 원산지인 여러해살이 상록수로, 차나무의 잎 하나로 녹차부터 홍차까지 다양한 차를 만들 수 있다.

차나무는 크기에 따라 두 가지 종류가 있다. 중국 운남성이나 인도 아삼 지역에서 자라는 차나무들은 다 자란 잎이 어른 손바닥만큼 큰 아름드리나무다. 이들을 대엽종大葉種, var. Assamica이라 부르며 찻잎의 조직이 부드럽고 즙이 풍부하여 홍차처럼 산화된 차를 만들기 좋다.

한편 우리나라나 일본처럼 온대 기후에서 자라는 자그마한 차나무인 소엽종小葉種, var. Sinensis은 잎은 조그맣지만 한겨울의 추위를 견디기 위해 잎 조직이 두터운 것이 특징이다. 맑은 향기를 지니고 있어 녹차를 만들기에 적당하다.

여섯 가지 차

1. 녹차

찻잎을 솥에 덖거나 증기를 쐬어 고온에 노출해 폴리페놀 산화 효소의 활성을 막는다. 찻잎의 색은 초록빛이며 생엽에 가까운 신선한 향미를 띤다. 가장 오래된 가공 방식.

2. 백차

인위적인 가공 과정이 절제된 약하게 산화된 차로, 찻잎을 시들리고 말리기면 하면 완성이다. 특별한 설비는 없어도 되지만 자연환경의 영향을 크게 받기에 까다로운 차다.

3. 황차

녹차를 만드는 과정 중 우연히 발견하게 된 제조 공정이다. 찻잎의 열기가 식기 전에 종이나 천으로 싸서 찻잎을 노르스름하게 만든다.

4. 청차

시들린 찻잎을 대나무 채반 등으로 가볍게 흔들어 마찰시켜 일부만 산화시킨 차. 완성한 찻잎을 낮은 온도에서 거듭 로스팅Roasting하는 배화焙火 과정이 더해지기도 한다.

5. 홍차

찻잎을 시들리고 고루 비벼 짙은 갈색으로 산화시킨 차. 중국이 만들고 영국이 완성시켜 차의 대중화를 이끌어냈다.

6. 흑차

변경 소수 민족들이 즐겨 마셨던 유서 깊은 차에서 비롯되었다. 미생물에 의한 후발효 과정이 포함되며 특유의 숙성 향이 있다.

2. 티 테이스팅

티 테이스팅 Tea Tasting 은 차의 품질 및 맛과 향을 객관적으로 평가하는 것이다. 중국과 우리나라에서는 품평이라고도 부른다.

다원에서는 매일 차를 만들 때마다 티 테이스팅을 통해 품질에 결함이 없는지 확인해야 한다. 인도 콜카타나 스리랑카의 콜롬보 등 티 옥션이 열리는 곳에서는 이를 준비하는 중개업자들이 다원에서 보낸 차들을 테이스팅하고 상품 목록을 구성한다. 티에리스와 같은 차 상들은 판매 목적에 맞는 차를 찾기 위해 티 테이스팅을 한다.

이러한 일을 하는 직업인 티 테이스터 Tea Taster가 되기 위해서는 전문 기관의 교육 과정을 수료하고 그 후에도 오랫동안 훈련을 거듭해야 하지만, 굳이 전문가가 아니더라도 자신이 마시는 차를 꼼꼼히 살펴보고 평가해보는 것은 좋은 경험이 될 것이다.

티 테이스팅 세트 Tea Tasting Set
티 테이스팅을 위해 고안된 도구로, 손잡이 맞은편 테두리가 톱니 모양인 티 테이스팅 컵과 뚜껑, 차를 담는 테이스팅 볼로 구성되어 있다. 보통 150ml 정도의 용량이며, 찻물빛을 또렷이 살필 수 있는 흰색 자기로 되어 있다. 세척에 용이하며 거칠게 다루어도 쉽게 깨지지 않는 견고한 디자인이다.

티 테이스팅 과정 Tea Tasting Process

티 테이스팅을 하기 위해서는 비교하고자 하는 차들을 동일한 도구를 사용하여 같은 조건으로 동시에 우리는데, 이러한 과정은 차를 맛있게 우리는 것이 아니라 차의 장단점을 파악하기 위해 민낯을 드러내는 데 목적이 있다.

1. 준비
티 테이스팅 세트와 테이스팅 스푼 그리고 타이머를 세팅하고
찻잎 2.5~3g과 뜨거운 물을 준비한다. 테이스팅 스푼이 따로 없다면
국이나 수프용 스푼을 준비하면 된다.
티 테이스팅은 가급적 밝은 곳에서 해야 한다. 햇빛이 직접 내리쬐지
않는 자연광이 가장 좋지만 그렇지 못할 경우 그림자가 지지 않게끔
조명 바로 아래에 티 테이스팅 세트를 둔다. 자극적인 음식을 먹거나
진한 화장품을 사용하지 않도록 한다.

2. 건엽 평가
찻잎을 접시나 종이 위에 펼쳐서 찬찬히 살피고 만져보며
향을 맡는다. 찻잎의 색깔 그리고 형태, 줄기 등의 부산물이
포함되었는지를 확인한다.

3. 차 우리기

티 테이스팅 컵과 볼을 예열한 다음 찻잎을 넣는다.
물은 차 종류에 상관없이 일괄적으로 팔팔 끓인
뜨거운 물을 붓는다. 3~5분 동안 우린다.

*인도와 스리랑카 등 현지에서는 티 테이스팅을 위해
5분간 차를 우린다. 뜨거운 물에서 차의 모든 성분들이
완전히 우러나는 데 걸리는 시간이 5분이기 때문이다.
그러나 우리나라처럼 물의 경도가 낮은 환경에서는
3분간 우려도 무방하다. 만약 5분간 우리고자 한다면
차의 양을 2g으로 줄이는 것을 권한다.

4. 차 거르기

테이스팅 컵의 뚜껑을 잡고 90도로 눕혀 테이스팅
볼에 걸친다. 차가 완전히 걸러져 나오면 뚜껑을
잡고 마지막 방울까지 털어낸다.

5. 향기 맡기

한 손으로 테이스팅 컵을, 다른
손으로 뚜껑을 잡고 턱 아래에서
뚜껑을 1/3쯤 연 다음, 그 사이로
올라오는 향기를 맡는다. 코를 직접
들이대지 않도록 주의한다.

6. 엽저 평가

테이스팅 컵을 거꾸로 들고
세게 털어 우려지고 남은 잎이
뚜껑에 쏠리게끔 한 다음, 뚜껑에
담긴 엽저의 향을 맡고 손으로
만져보는 등 유심히 관찰한다.
엽저에는 가공 전 찻잎의 모습부터
제다 과정의 흔적까지 고스란히 담겨
있으므로 잘 살펴두는 편이 좋다.

7. 찻물 평가

찻물의 색깔과 투명한 정도를 먼저 확인하고, 테이스팅 스푼으로 조금 떠서 맛을
확인한다. 이 때 쓰읍 소리를 내며 찻물을 들이마시듯 맛보는데,
이를 슬러핑Slurping*이라고 한다. 차는 삼키지 말고 입 안에서 살짝 굴린 다음 뱉는다.

*차를 공기와 함께 들이켜 입 안과 비강에 고루 분사하는 것으로, 미뢰 구석구석
성분들이 닿게 하고 금세 휘발되는 섬세한 향기들을 전체적으로 인지하는 데 도움을
준다.

8. 종합 평가

중요도에 따라 100점을 나누어 건엽에 25점, 엽저에는 15점, 그리고 우려진 차에는
60점을 만점으로 하여 종합 평가를 한다.

티 테이스팅 용어 Vocabulary of Tea Tasting

티 테이스터들이 차를 표현할 때 자주 사용하는 용어. 일상적으로 쓰는 뜻과 다소 차이가 있다. 의미 파악을 위해 한글로 번역하였으나 일종의 외래어 표현으로서 발음 그대로 사용하는 경우가 많다. 알파벳 순으로 정렬하였다.

Aftertaste **뒷맛** – 차를 마신 다음 입안에 남는 맛과 여운. 길게 남을수록 품질이 빼어나며, 피니시Finish와 비슷하게 쓰인다.

Astringency **수렴성** – 차를 마신 후 입이 마르는 듯한 느낌. 차 속의 폴리페놀로 인해 미뢰의 단백질이 변성되어 느껴지는 일종의 촉감.

Bakey **베이키** – 가공 중에 지나치게 높은 온도에 노출되어 나는 풍미.

Balanced **균형 잡힌** – 차의 맛과 향, 입에 닿는 촉감이 어느 하나 빠지지 않고 잘 균형을 이루는 것.

Brisk **활기찬** – 마치 소다수를 마실 때처럼 혀를 기분 좋게 자극하는 상쾌하고 발랄한 느낌.

Bite **톡 쏘는** – 차 속의 탄닌으로 인해 산뜻하고 생동감 넘치는 느낌. '활기찬Brisk'보다 좀 더 강조된 표현.

Body **보디** – 입안이 꽉 차고 묵직한 정도. 코를 막고 우유와 물을 각각 입에 머금었을 때의 느낌을 떠올리면 된다.

Brassy **쇳내** – 쇠가 연상되는 비리고 불쾌한 풍미.

Burnt **탄** – 탄내가 나는. '베이키Bakey'가 강조된 표현.

Clean **깔끔한** – 어떠한 잡맛도 없는 순수하고 깨끗한 맛 혹은 맑고 선명한 수색.

Coarse 거친 - 결이 굵고 거친 찻잎의 모양과 풍미 양쪽 모두 사용할 수 있는 용어.

Common 평범한 - 차의 향과 맛의 특징이 잘 살아나지 않는.

Complex 복잡한 - 다양한 아로마들이 풍부하게 얽혀 부케를 이루는 것을 표현한다.

Coppery 구릿빛의 - 구릿빛으로 또렷이 붉은 홍차의 수색.

Crisp 바삭바삭한 - 견고한 보디와 경쾌한 풍미가 기분 좋은 생동감을 주는 느낌.

Dull 둔탁한 - 색감이나 맛에서 생동감이 떨어지고 텁텁한. 건조 가공에서 수분이 충분히 날아가지 않았을 가능성이 크다.

Earthy 흙 내음의 - 아로마를 표현할 때는 흙이나 버섯, 마른 나무 등의 내음을 포괄적으로 의미하는 말이나, 때로는 저장에 문제가 있어 습기를 머금은 차에도 사용하는 용어이다.

Fibrous 섬유질이 많은* - 찻잎의 엽맥이나 가는 줄기들이 제거되지 않고 섞여 있는 상태.

Flaky 얇은 조각의 - 잘 비벼지지 않고 펼쳐진 모양의 찻잎 조각.

Flat 밋밋한 - 맛이 풍부하지 않고 얕은.

Harsh 거슬리는 - 쓰고 떫은맛이 거칠게 남는 불쾌한 기분.

Intense 강렬한 - 맛과 향이 강하고 지속력이 빼어난.

Lively 생동감 있는 - 약간의 산미가 도는 신선하면서도 발랄한 느낌.

Metallic 금속의 - 금속성 맛이 느껴지는 불편한 풍미.

Mouldy 퀴퀴한 - 묵은내 혹은 곰팡이 냄새가 나는.

*새순이 아닌데 찻잎이 옅은 빛을 띤다면 섬유질이나 줄기일 가능성이 크다. 인도에서는 섬유질의 비율이 전체의 17%가 넘는 차를 유통하는 것을 법으로 금지하고 있다.

Mouthfeel **구감** – 차를 입에 넣었을 때의 촉감과 전체적인 느낌.

Muddy **진흙 같은** – 탁한 수색 혹은 텁텁한 풍미.

Neat **단정한** – 찻잎의 모양이 고르고 불순물 없이 깔끔한.

Nose **노즈** – 여기서는 '코'가 아니라, 기분 좋은 향기를 의미.

Powdery **가루가 뿌려진** – 입안에 곱게 도포되는 엷은 수렴성.

Pungent **자극적인** – 차의 탄닌에 관한 표현. 혀의 뒤쪽에서 느껴지는 떫고 자극적인 느낌.

Silky **비단 같은** – 비단의 감촉처럼 부드럽고 다소 진득하게 느껴지는 찻물.

Spicy **스파이시한** – 차가 지닌 알싸한 향신료를 연상케 하는 풍미를 뜻하나, 때로는 차나무 근처에 자라는 식물이나 제조 공정 과정에서 포함된 오염된 풍미를 의미하기도 한다.

Stalky **줄기가 많은** – 줄기의 비율이 높은 차.

Structured **구조감 있는** – 입 안에 가득 차는 탄탄한 느낌. 차의 탄닌으로 인한 풍미.

Supple **유연한** – 수렴성이 적어 부드러운 느낌을 주는.

Sweet **달콤한** – 수렴성이 없는 달콤한 맛이나 향기.

Tainted **오염된** – 차의 품질을 저하시키는 불편한 풍미.

Tarry **타르 같은** – 연기 내음이 나는.

Velvety **벨벳 같은** – 결이 촘촘하고 부드러운 촉감.

Vigorous **활기 넘치는** – 기분 좋은 떫은맛이 차에 생동감과 에너지를 주는 즉각적인 풍미.

Watery **묽은** – 떫은맛이 적고 맹숭맹숭한.

Wiry **잘 말린** – 잘 비벼져 말려 있는 찻잎의 모양. 홀 리프 등급에서 사용하는 용어.

티 플레이버 휠 Tea Flavour Wheel

차의 향미를 몇 가지의 큰 그룹으로 구분하고 하위 그룹에 해당하는 맛과 향기를 세부적으로 나눈 원형으로 된 도표. 미국의 식품 공학 연구가인 앤 노블Ann C. Noble 교수가 1984년 와인의 시음 평가에 관한 연구 중 개발한 아로마 휠Aroma Wheel에서 비롯되었다.

차의 맛과 향기를 표현할 때 여러 가지 어휘를 자유로이 구사하는 것은 분명 쉬운 일은 아니지만, 플레이버 휠을 이용하면 그리 어렵지 않을 수도 있다. 일단 시음하는 차의 맛과 향기가 원의 가장 안쪽에 있는 대분류 중 어디에 해당하는지 살핀다. 그리고 점차 가장자리로 뻗어나가며 가장 유사한 향미를 골라낸다.

예를 들어 풀 내음이라면 일단 식물성 분류를 먼저 확인한다. 그리고 그 안에 있는 풀과 야채, 허브 중 어디에 가까운지 고른다. 풀을 골랐다면 그 안에 있는 세부 항목인 막 자른 잔디, 젖은 지푸라기, 신선한 건초 중 어느 것이 가장 비슷한 지 고르는 것이다. 그런 식으로 향과 맛의 이미지를 차츰 구체적으로 그려간다.

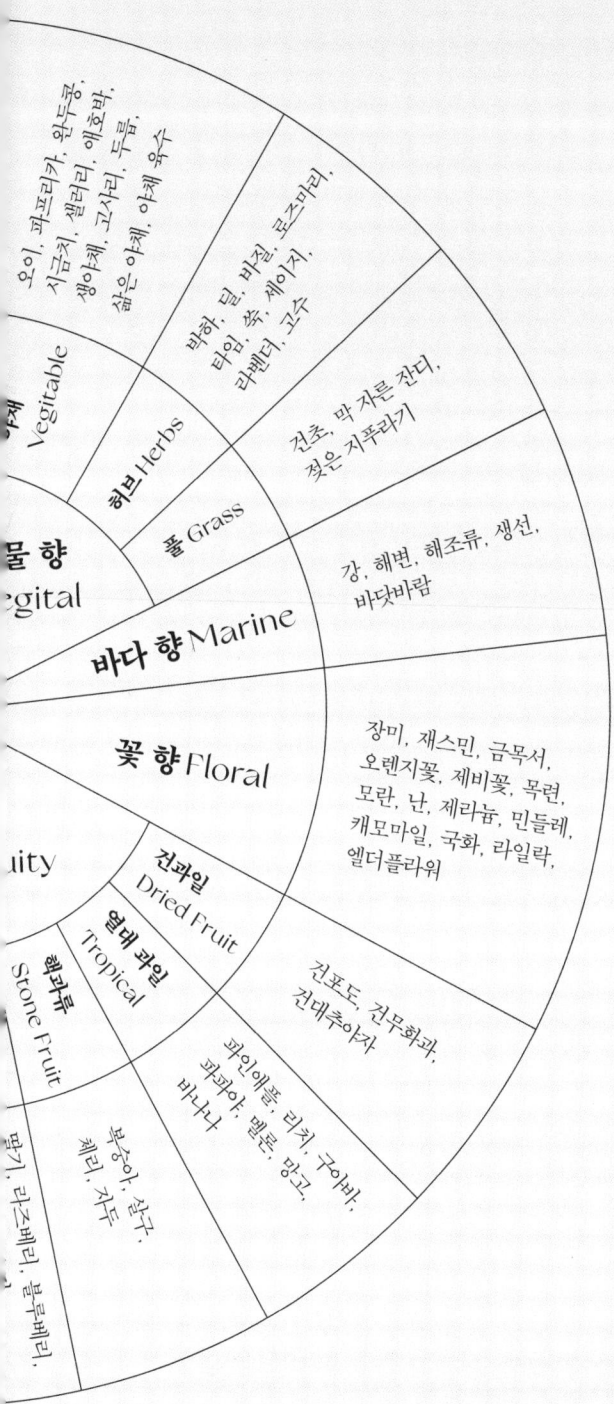

3. 홍차의 등급

등급에 관한 오해

홍차에서 등급Tea Grade이란 찻잎의 크기이자 일종의 식별 코드이다. 마스터 티 블렌더들이 새로운 상품을 만들 때 찻잎의 등급은 중요한 길잡이가 된다. 막 건조기에서 나온 찻잎은 크기가 들쭉날쭉하며, 크기가 다르면 우렸을 때 맛이 고르지 않기에 대부분의 차 산지에서는 차를 만드는 시간보다 훨씬 오랜 시간과 공을 들여 찻잎의 크기를 분류한다.

하나의 차에서 SFTGFOP1 등급부터 패닝Fanning과 더스트Dust까지 다양한 차가 나올 수 있기에 어느 차가 고급이고 아닌지 구별하는 것은 큰 의미가 없다.

가공에 따른 분류

티 플랜테이션에서 대량 생산되는 홍차는 가공 방식에 따라 세 가지로 나뉘며 등급 체계 또한 각각 다르다.

오서독스 티 Orthodox Tea

: 찻잎을 일부러 자르거나 부수지 않는 기본 홍차 제법. 잎의 모양이 비교적 잘 살아 있다. 홀 리프 그레이드. 등급 기호가 길게 붙은 쪽이 대체로 가격이 비싸다.

브로큰 오서독스 Broken Orthodox

: 찻잎을 로터베인Rotorvane 등의 기계를 사용하여 잘게 잘라 빠르게

산화시키는 대량 생산을 위해 개발된 오서독스 제법의 일종. FBOP 등 스리랑카 홍차 중 일부 고급품들이 해당된다.

씨티씨 CTC, Crush-Tear-Curl

: 찻잎을 칼날이 달린 롤러 사이로 넣어 찢고 부수고 말아서 순식간에 찻잎을 산화시킨다. 유통되는 홍차의 대부분이 씨티씨이다. 보통 롤러 여러 대를 연결시켜 사용하며 찻잎은 동글동글한 모양의 입자이다.

등급을 넘어

때로 다르질링 등 일부 지역의 생산자들은 등급 뒤에 차를 만든 가공 방식과 품종을 함의하는 특별한 이름, '팬시 네임Fancy Name'을 붙여 특별히 공들여 만든 차임을 강조하기도 한다. 문라이트, 다이아몬드 등의 팬시 네임이 붙은 차는 대체로 고가이며 품질도 빼어난 편이다.

등급의 종류

*등급의 표기 순서는 잎의 크기나 품질의 우열과는 상관없다.
**아래 등급은 모든 산지에서 사용하는 것이 아니며, 이 용어들 사이에서 선별하여 독자적인 등급 체계를 갖추는 경우가 많다.
***등급 뒤에 숫자 1이 붙으면 조금 더 공들여 만들었다는 의미.

홀 리프 등급 Whole Leaf Grades

등급명	내용
OP	Orange Pekoe.
	새순이 거의 보이지 않는 크고 뻣뻣한 잎
OPA	Orange Pekoe A.
	OP보다 크고 꼬임이 다소 느슨한 모양
OPS	Orange Pekoe Superior. OP와 비슷한 등급
FOP	Flowery Orange Pekoe. 어린잎이 조금이라도 섞인 차
GFOP	Golden Flowery Orange Pekoe.
	새순의 비율이 FOP보다 좀 더 높은 차
TGFOP	Tippy Golden Flowery Orange Pekoe.
	인도의 고급 오서독스 티를 대표하는 등급
FTGFOP	Finest Tippy Golden Flowery Orange Pekoe.
	TGFOP보다 좀 더 채엽 기준이 높은 차
FTGFOP[1]	
STGFOP	Special Finest Tippy Golden Flowery Orange Pekoe.
SFTGFOP	홀 리프 등급에서 가장 비싼 가격에 판매되는 차

브로큰 등급 Broken leaf grades

등급명	내용
BT	Broken Tea. 꼬임이 적고 펼쳐진 형태의 브로큰 티
BP	Broken Pekoe. 가장 자주 만나게 되는 브로큰 등급
BPS	Broken Pekoe Souchong. BP보다 살짝 크다
FP	Flowery Pekoe. 성기게 말린 브로큰 티 BT 보다 약간 큰 편
BOP	Broken Orange Pekoe. 브로큰 등급의 가장 일반적인 형태
FBOP	Flowery Broken Orange Pekoe. 새순이 포함된 브로큰 등급
FBOPF	Flowery Broken Orange Pekoe Fannings. 주로 저지대 실론티에서 가장 고가에 거래되는 등급
GBOP	Golden Broken Orange Pekoe. 소량의 새순이 포함된 브로큰 티
GFBOP	Golden Flowery Broken Orange Pekoe [1]. 새순이 다수 포함된 브로큰 티
TGFBOP	Tippy Golden Flowery Broken Orange Pekoe [1].
FTGBOP	브로큰 등급이지만 홀 리프 오서독스 가공에서 분류된 싹이 풍부한 브로큰 티

패닝 등급 Fannings grades

등급명	내용
PF	Pekoe Fannings
OF	Orange Fannings
FOF	Flowery Orange Fannings
BOF	Broken Orange Fannings
GFOF	Golden Flowery Orange Fannings
TGFOF	Tippy Golden Flowery Orange Fannings
BOPF	Broken Orange Pekoe Fannings.

패닝 등급에서는 가장 채엽 기준이 높은 차

더스트 등급 Dust grades

등급명	내용
D1	Dust [1]
RD	Red Dust
PD	Pekoe Dust
GD	Golden Dust
FD	Fine Dust
SFD	Super Fine Dust

차의

계절

1판 1쇄 발행	2022년 1월 13일
1판 4쇄 발행	2025년 3월 14일

지은이	정다형
펴낸이	김기옥

편집 라이프스타일팀	이나리, 장윤선
마케터	이지수
지원	고광현, 김형식

사진	한정수(studio etc)
자료 사진 제공	정다형(티에리스)

디자인	스튜디오 고민
인쇄 · 제본	민언프린텍

펴낸곳 한스미디어(한즈미디어(주))
주소 121-839 서울시 마포구 양화로 11길 13(서교동, 강원빌딩 5층)
전화 02-707-0337 | 팩스 02-707-0198 | 홈페이지 www.hansmedia.com
출판신고번호 제 313-2003-227호 | 신고일자 2003년 6월 25일

ISBN   979-11-6007-770-4 13590